거울과 스마트폰만 있으면 중국 사람처럼 발음할 수 있다

중국어 발음 & 클리닉

윤준우 지음

STT Books

중국어
발음 &
클리닉

초판 인쇄	2020년 5월 26일
초판 발행	2020년 5월 28일
펴 낸 곳	STT Books
펴 낸 이	송덕희
지 은 이	윤준우
편 집	STT Books
디 자 인	정다운 (Double D & Studio / ekdnsdl5513@naver.com)
삽 화	최혜지 (표지 디자인)
모 델	原美琳
녹 음	原美琳 (lingling8181@hanmail.net)
출판 등록	제353-2020-000012호
주 소	인천광역시 남동구 백범로 399 아트폴리스 1211호
홈 페 이 지	sttbooks.modoo.at
e - m a i l	sttbooks@naver.com
I S B N	979-11-970373-0-6
정 가	12,000원 (mp3 파일 무료 다운로드 포함)

본 도서는 저작권법에 의해 보호를 받는 저작물입니다.
출판사의 허락 없이 본 도서의 내용을 복사하거나 전재 또는 발췌할 수 없습니다.

잘못된 책은 구입처에서 교환해 드립니다

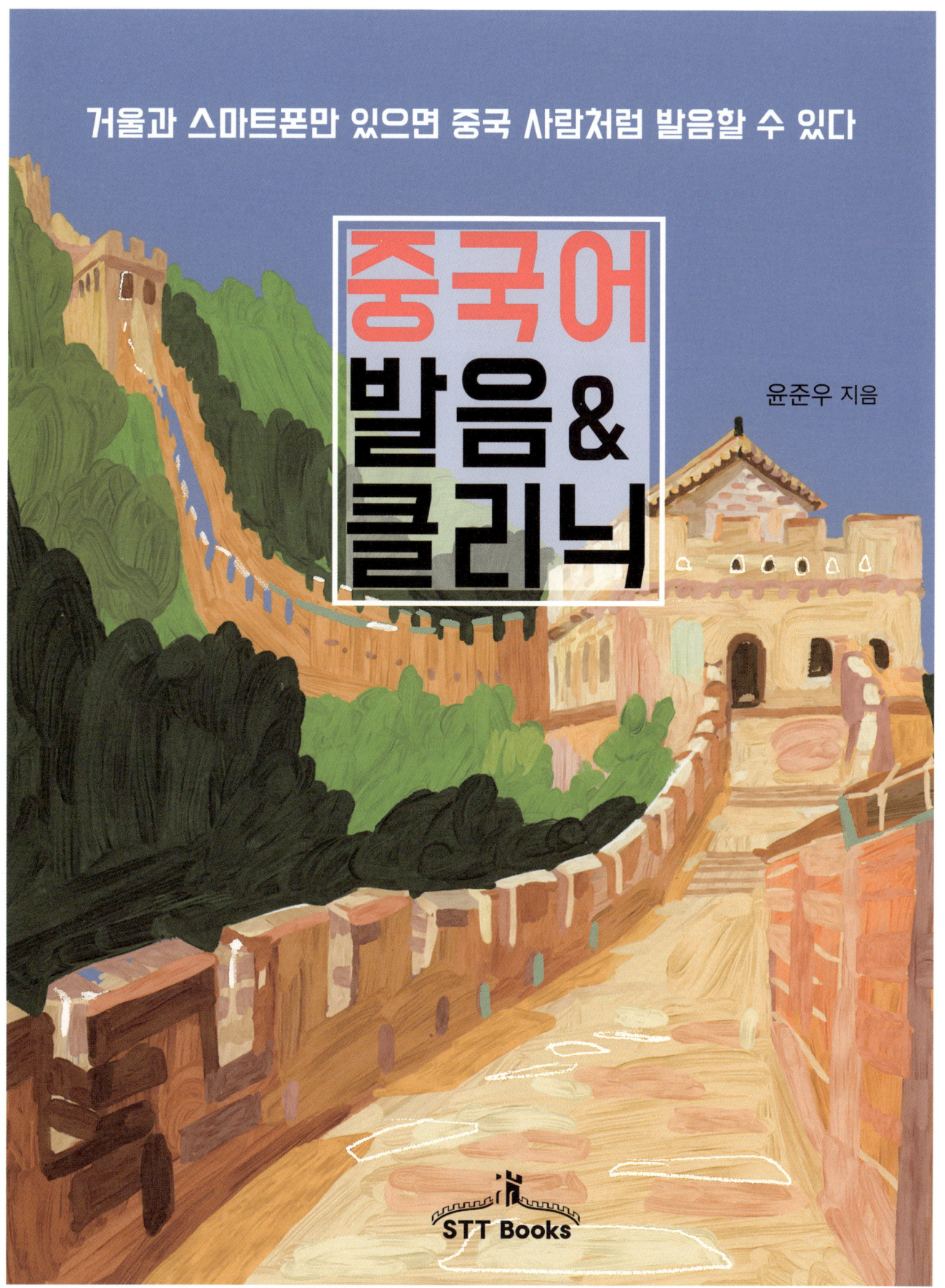

중국어
발음&클리닉

머리말

현재 우리나라의 중국어 학습 인프라가 질적으로 다양해진 걸 보면, 중국어는 이제 제2외국어로서 확고하게 자리를 잡았다고 생각된다. YouTube에서 중국어 관련 동영상을 찾아보면 그 수를 헤아릴 수 없을 정도로 많고, 내용 또한 각양각색이다. 과거 중국어 학습이 HSK 점수 따기 같은 스펙 쌓기用 문제 풀이식 공부였다면, 이제는 중국 사람들과의 폭넓은 교류를 위한 '유창한 회화'에 중점을 두고 있다는 점에서 매우 고무적이다.

모든 외국어는 '기초'가 중요하며, 유창한 회화는 탄탄한 기초 위에서 가능하다는 사실은 누구나 공감한다. 하지만 유창한 회화의 출발점이라고 할 수 있는 발음 연습은 여전히 미흡한 것이 현재 우리 중국어 교육의 현실이다. 꽤 오랜 기간 중국어를 공부했고 HSK 급수도 상당히 높지만, 발음은 초보 수준에 머물러 유창하게 중국어를 하지 못 하는 중고급 학습자들이 적지 않다.

본 교재의 기획 의도는 "효과적인 발음 연습을 통하여 유창한 회화의 기초를 쌓는다"라는 취지에서 출발한다. 음성학을 전공한 필자 입장에서 이번 작업은 매우 힘든 도전이었다. 눈에 보이지 않는 소리를 글로 설명한다는 것이 얼마나 어리석고 힘든 일인지 통감했다. 하지만 제대로 된 발음 교재를 만들어 보겠다는 생각과 주변의 격려에 용기를 낼 수 있었다.

본 교재의 전반부는 처음 중국어 발음을 접하는 학습자를 위해 기초 발음 연습을 중심으로 내용을 꾸몄다. 학습자가 정확한 음을 익히도록 상세한 발음 설명과 연습을 실었다. 후반부는 학습자들이 자주 범하는 발음 오류를 중심으로 클리닉 편을 구성하였다. 왜 잘못 발음하는지 그 이유와 효과적인 교정 방법 등을 실었다. 이 외에도 중국인의 일상적인 회화에서 자주 접하는 여러 발음 현상들도 심도 있게 다루었다. 내용을 서술하면서 어쩔 수 없이 거론되는 음성학의 전문적인 내용은 최대한 쉽게 풀이하여 학습자의 이해를 도왔다.

본 교재의 설명대로 각 발음의 특징을 먼저 이해하고 연습한다면 단시간에 좋은 효과를 거둘 수 있을 것이다. 발음 연습이 곧 회화 연습이다. 한 글자 한 글자 또박또박 정확하게 발음하면 그것이 바로 유창한 회화의 출발이다.

각 파트의 내용 특징

01 기초 발음 연습

중국어의 발음을 처음 접하는 학습자들을 위해 자음, 모음, 성조 순으로 내용을 구성하였다. 학습자들이 효율적으로 발음을 익히도록 각 파트 별로 상세한 설명과 그림, 사진 등을 곁들였다.

02 발음 숙달 연습

유창한 회화를 위한 필수 과정으로 2글자에서 시작하여 4글자까지 유창하게 발음하는 것에 중점을 두었다. Voice Analyst 스마트폰 앱을 이용하여 각각의 성조를 자연스럽게 이어서 발음하는 방법과 연습으로 내용을 꾸렸다.

03 클리닉

자음 편, 모음 편, 성조 편으로 나누어 학습자들이 자주 범하는 발음의 오류를 중심으로 문제점과 교정 방법 등을 설명하였다. 일부 내용은 앞에서 이미 언급되었지만, 학습자들의 발음 교정에 도움을 주고자 좀 더 상세한 설명과 일부 연습을 추가하였다.

04 변조

일상 회화에서 흔히 접하는 성조 변화 현상을 각 글자별로 나누어 내용을 구성하였다. 특히 제3성의 성조 변화, 형용사의 중첩형 등등, 학습자에게 혼돈을 주는 부분들도 상세하게 다뤄 회화에 도움이 되도록 하였다.

05 기타 발음 변화

학습자들이 회화 연습을 하면서 소홀히 하기 쉬운 몇몇 발음 현상을 설명하였다. 중국인의 일반적인 언어 습관에 기초하여 외국인 학습자들이 익혀야할 부분을 선정하여 설명과 연습을 덧붙였다.

본 교재의 활용법

01 ▶ 거울을 이용하자

입술 모양은 발음의 정확도를 좌우하는 중요한 요소이다. 거울은 특히 중국어의 모음을 익히는 데 많은 도움이 된다. 교재의 내용대로 거울을 보면서 입술 모양을 잘 유지하며 연습한다.

02 ▶ 성조 분석 프로그램을 활용하자

음성 분석 프로그램인 'Voice Analyst' 혹은 'Voice Tools' 은 성조를 익히는 데 유용하다. 본 교재는 사용자가 'Voice Analyst'를 이용하여 성조 연습에 활용할 수 있도록 간단하게 사용법을 설명하고 중국인의 성조 샘플을 제공하였다.

03 ▶ 원어민 녹음 파일(mp3) 무료 다운로드

1. 홈페이지(sttbooks.modoo.at) 접속 ⇨ 메인 화면의 다운로드 클릭 ⇨ 구글 드라이브 화면으로 이동 ⇨ 화면 상단의 다운로드 버튼(⬇) 클릭 ⇨ 녹음 파일 다운로드
2. 블로그(https://blog.naver.com/sttbooks) 접속 ⇨ 중국어 발음 클리닉, 녹음 파일 다운로드 클릭 ⇨ 구글 드라이브 화면으로 이동 ⇨ 화면 상단의 다운로드 버튼(⬇) 클릭 ⇨ 녹음 파일 다운로드

성조 및 발음 표기 관련

1. 학습자의 이해를 돕기 위해 변조가 발생할 경우 변화된 성조를 표기하였다. 경성은 글자 혹은 한어병음 옆에 '·'으로 표기하였다.
2. 몇몇 모음은 정확한 발음을 표기하기 위해 국제음성부호(IPA)를 추가로 표기하였다. 다만 학습자들이 국제음성부호에 익숙하지 않다는 점을 고려하여 최대한 알기 쉽게 표기하였다.

중국어
발음&클리닉

차례

서론
중국어에서 발음이 중요한 이유   **12**
발음 연습을 시작하기 전에   **15**

제1장 기초 발음 연습

자음 편
1. 쌍순음(双唇音 - 두 입술 소리) : **b, p, m**   **20**
2. 순치음(唇齿音 - 아랫입술 문 소리) : **f**   **21**
3. 설첨음(舌尖音 - 혀끝 소리) : **d, t, n, l**   **22**
4. 설근음(舌根音 - 혀뿌리 소리) : **g, k, h**   **23**
5. 설면음(舌面音 - 혓바닥 소리) : **j, q, x**   **23**
6. 설치음(舌齿音 - 혀끝 윗니 소리) : **z, c, s**   **24**
7. 권설음(卷舌音 - 혀끝 세운 소리) : **zh, ch, sh, r**   **25**

모음 편
1. 단모음(单韵母)   **30**
2. 복합 모음(复合韵母)   **35**
3. 한어병음을 표기할 때 주의할 점   **42**

성조 편
1. 성조란 무엇인가?   **44**
2. 성조 연습 방법   **47**
3. 성조 기초 연습   **52**

제2장 발음 숙달 연습
1. 2글자 조합 연습   **68**
2. 4글자 조합 연습   **88**
3. 발음 연습 시 주의할 점   **92**

제3장 클리닉

자음편

1. f 를 제대로 발음하지 못 하는 이유   100
2. x 를 s 로 잘못 발음한다.   102
3. 중국어 자음은 된소리와 예사소리(약한 소리)로 구분되지 않는다.   104
4. 권설음은 혀를 말아서 발음할 수 없다.   106

모음 편

1. e 를 정확하게 발음하지 못 하는 원인 및 발음 변화   110
2. i 는 결합되는 자음에 따라 세 가지로 발음된다.   114
3. ou는 어우[əu]라고 발음한다.   116
4. 음절을 구분하는 y, w, yu와 격음부호(隔音符号)   118
5. iou, uei, uen의 한어병음 표기와 실제 발음   120

성조 편

1. 성조는 음의 길이도 중요하다.   122
2. 제1성은 다른 성조의 음 높이를 결정하는 기준이다.   126
3. 제3성이 제2성과 구분이 안 된다.   128
4. 半3성은 따로 연습할 필요가 없다.   130

제4장 변조

1. 3성의 변조   138
2. 一의 변조   142
3. 不의 변조   144
4. 중첩형의 성조 변화   146

제5장 기타 발음 변화

1. 儿化   152
2. 경성(轻声) - 유창한 회화를 만들어 주는 윤활유   158
3. 탈락(脱落) 및 동화(同化) 현상   164
4. 啊 (a) 의 발음 변화   168

서론
중국어에서 발음이 중요한 이유

"어떻게 하면 회화를 잘 할 수 있을까?"라는 학습자들의 공통된 질문에 대해 답변은 너무나 명확하다. '많이 읽고, 많이 듣고, 많이 말하고……. 외국어 학습에 지름길은 없다'라는 점을 감안하면 누구나 회화를 잘 할 수 있는 방법을 알고 있다.

하지만 '무조건 많이 한다' 보다는 '효율적으로 많이 하는 게' 중요하다. 회화를 잘 할 수 있는 비결을 꼽자면, 그것은 아마도 '기초가 중요하다' 일 것이다. '기초'란 발음, 문법, 어휘 등등 여러 부분을 포함하고 있지만, 그 중에서 발음은 외국어 학습의 출발점이자 회화 능력을 향상시키는 원동력이다.

외국어 회화에서 발음이 왜 그렇게 중요할까?

회화는 그 나라 사람들의 언어로 그들과 소통하고 공감하는 과정이다. 이 때 '발음'은 자신의 입으로 상대방이 알아들을 수 있는 소리를 만들고 전달하는 도구이다. 정확한 문법과 적절한 단어로 '좋은 문장'을 만들었다고 하자. 하지만 이것을 전달할 도구(발음)가 시원치 않으면 '좋은 문장'은 빛을 잃고 만다. 발음이 부정확해 의사 전달이 제대로 되질 않고, 심지어 불필요한 오해를 사기도 한다. 게다가 논리적인 사고와 풍부한 언어 표현력도 부정확한 발음에 발목이 잡혀 자신의 장점을 십분 발휘할 수 없다. 결과적으로 '부정확한 발음'은 소통과 공감 능력을 떨어뜨리고, 학습자의 자신감 상실을 가져오는 직간접적인 원인으로 작용한다.

발음이 부정확해서 문장을 유창하게 읽지도 못 하는데 회화 연습을 어떻게 할 수 있을까? 그저 속삭이듯 작은 소리로 몇 번 읽는 게 회화 연습이고, 눈으로 뜻풀이만 하는 독해식 공부 패턴만 반복할 뿐이다. 어쩌다 외국인을 만나 한 두 마디 해 볼 요량이면 본인의 발음이 부정확해서 자신감도 없다. 외국어 회화에서 '자신감'은 최고의 덕목이다. 하지만 부정확한 발음은 자신감을 떨어뜨리고, 학습 의지가 희석되어 실력 향상을 가로 막는 애물단지로 전락한다.

발음부터 다잡아야 한다. 몇 글자 안 되는 짧은 문장이라도 정확한 발음으로 말한다면 의사소통이 가능해지고, 자신감이 붙어 더욱 학습에 정진할 수 있다. 외국어 학습에서 누구나 한 번은 거쳐 가는 발음 부분을 대충 몇 번 읽어보는 정도에서 끝낸다면 결코 회화를 잘 할 수가 없다.

우리는 중국어 발음을 얼마나 효율적으로 공부하고 있을까?

중국어 발음에는 자음과 모음 외에도 우리말에 없는 '성조'라는 음의 높낮이 변화가 있다. 우리에게 없는 생소한 것을 익혀 제대로 활용하려면 많은 시간과 노력이 투자된 연습 과정은 필수적이다. 하지만 현재 우리의 중국어 학습 과정을 되짚어 볼 때, 우리는 중국어 발음 연습(특히 성조)에 얼마나 많은 노력을 기울이고 있을까? 교재에 포함된 녹음 자료를 들으며 '장님 코끼리 다리 만지듯' 우리말식으로 적당히 따라 하든지, 아니면 학원에서 강사의 간략한 발음 설명(혹은 동영상 강좌)을 듣고 몇 번 따라하는 걸로 발음 연습을 끝내는 정도일 것이다.

'발음'이 중요하다는 사실은 누구나 알고 있다. 하지만 효율적인 연습 방법이나 교재는 예나 지금이나 별로 나아진 것이 없다. 최근에는 외국어 회화의 중요성은 그토록 강조하면서 회화의 기초가 되는 발음 연습은 소홀히 여기는 모순된 상황이 지금 우리의 현실이다.

발음 연습이 곧 회화 연습이다.

발음을 원어민처럼 완벽하게 하자는 얘기가 절대 아니다. 효과적인 연습을 통해 상대방이 알아들을 수 있는 '올바른 소리'를 만들자는 것이다. 더 나아가 자신감 있게 회화를 할 수 있게 기초를 탄탄히 다지자는 의미이다. 원어민이 아닌 이상 발음의 어려움을 안고 출발하는 것은 당연하다. 하지만 열심히 노력해서 정확히 발음하는 것과 흉내 내듯 적당히 발음하는 것은 엄연히 다르다. 좋은 발음을 갖고자 노력하고 애쓰는 사람만이 학습 성취도도 높고, 이를 바탕으로 유창한 회화도 가능하다.

'발음 연습 따로, 회화 연습 따로' 라는 생각을 버리자. 발음 연습이 곧 회화 연습이다. '你好吗, 你去哪儿, 再见' 등 짧은 문장도 정확한 발음으로 또박또박 말하면 그게 바로 회화 연습이고, 유창한 중국어의 출발이다.

발음은 중국어를 처음 접할 때 누구나 거쳐야 하는 필수 단계이다. 하지만 이 단계를 어떻게 넘어가느냐에 따라 자신의 평생 중국어가 결정된다고 해도 과언이 아니다.

몸이 먼저 반응하도록 연습하자.

외국어 회화가 어려운 이유는 눈으로 보고, 머리로 이해했던 내용을 자신의 입으로 자연스럽게 표현하기가 쉽지 않기 때문이다. 골프를 익힐 때 교재나 동영상만 많이 본다고 스윙이 좋아지는 건 아니다. 교재나 동영상의 내용대로 수백, 수천 번씩 클럽을 휘두르며 많은 연습을 해야 된다. 그래야만 내 몸에 익숙해지면서 점점 멋진 스윙 폼으로 완성된다.

회화 연습은 머리로 이해하는 것이 아니라 몸으로 익히고 표현하는 과정이다. 많은 연습을 통해 머리가 아닌 몸이 먼저 반응하는 단계가 되도록 만들어야 한다.

쉬운 길로만 가지 말자.

첫 단추를 잘 꿰여야 한다는 말을 기억하자. 처음에는 어렵고 불편하다고 쉬운 길로만 가지 말자. 나중에는 처음부터 다시 시작해야 하는 수고를 반복해야할지도 모른다. 교재의 설명을 잘 이해하고, 큰 소리로 천천히 읽어 보자. 이렇게 꾸준히 연습하고 익숙해지면 '발음'은 당신에게 자신감과 함께 중국인과 '중국어'로 소통하는 즐거움을 가져다 줄 것이다.

'탄탄한 기본기'야말로 유창한 회화로 가는 지름길이다.

발음 연습을 시작하기 전에 ;

1. 거울을 준비한다.

'입술 모양'은 발음에 절대적인 영향을 미친다. 발음할 때 자신의 입술 모양이 정확히 유지되고 있는지 거울을 보면서 연습한다.

2. 무조건 큰 소리로 연습한다.

발음 연습은 자신의 입 안 근육을 움직여 새로운 소리를 만들어 내는 과정이다. 입 안 근육을 빨리 숙달시키려면 큰 동작으로 여러 차례 반복해야 한다. 혼잣말로 속삭이듯 작은 소리로 하지 말고, 큰 소리로 천천히 연습해야 효과적이다.

3. 스마트 기기를 적극 활용한다.

성조 편에서 소개하는 'Voice Analyst'는 스마트폰과 태블릿 PC에서 구동되는 App으로 '성조' 연습에 효과적이다. 이 프로그램은 눈에 보이지 않는 음의 높낮이 변화를 실시간으로 분석하여 학습자들에게 보여준다. 또한 스마트폰에 탑재된 녹음기, 포털 사이트에서 제공하는 전자 사전 등, 각종 기능을 발음 연습에 활용하면 좋은 효과를 볼 수 있다.

중국어
발음&클리닉

중국어 발음의 기초 이해

1. 한어병음(汉语拼音方案)이란?

중국어를 처음 익힐 때 마주하는 것은 한자가 아닌 로마자로 이루어진 한어병음이다. 한어병음은 중국어 발음을 효율적으로 표기하기 위해 만든 발음 부호로서 표의(表意) 문자인 중국어를 익히는 데 유용하다.

1958년에 공포된 한어병음은 26개의 로마자로 중국어 발음을 표기하도록 고안되었다. 한어병음은 많은 연구와 논의 거쳐 중국어 발음에 특화된 여러 표기 원칙을 세웠다. 이로 인해 로마자로 표기된 한어병음은 우리에게 익숙한 영어식 발음과는 차이가 있다. 이 점을 명심하고 '영어 발음'이 아닌 정확한 중국어 발음을 익히는 데 주력한다.

2. 중국어의 발음 체계

중국어 발음은 21개의 자음(声母)과 39개의 모음(韵母) 그리고 4개의 성조(声调)로 구성되어 있다.

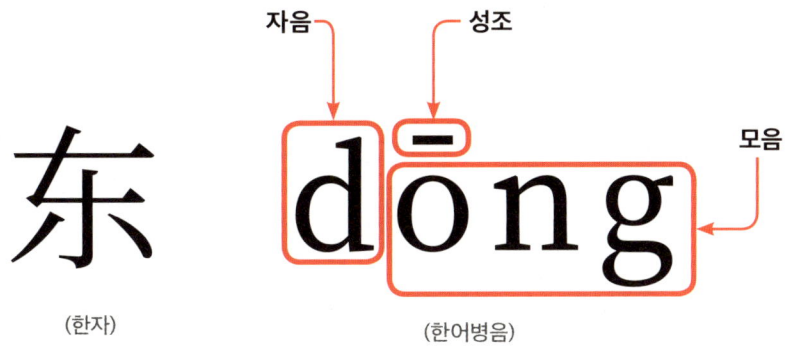

중국어 발음&클리닉

제1장
기초 발음 연습

중국어의 자음과 모음은 몇몇 음을 제외하곤 우리말과 비슷한 음들이 많아 어렵지 않게 발음할 수 있다. 하지만 이런 비슷함이 오히려 부정확한 발음을 초래하기도 한다. 우리말식 발음 습관에 기대지 말고, 정확한 음을 익히는 데 주력한다.

01 자음 편

자음 연습할 때 주의할 점

▶ 몇몇 자음들은 우리말과 비슷하여 쉽게 발음할 수 있지만 까다로운 발음도 있다. 각 음의 특징을 정확히 이해하고 연습한다.
▶ '혀끝이 어디에 붙는지' 발음 부위를 잘 파악하여 연습한다.

01 쌍순음(双唇音 - 두 입술 소리) ; b, p, m

윗입술과 아랫입술을 이용하여 발음하는 소리   1-1

한어병음	발음 방법	연습	
b	① 윗입술과 아랫입술을 가볍게 다물고 있다가 떼면서 ② 우리말 'ㅃ, ㅍ, ㅁ'음을 낸다.	bo	ba
p		po	pa
m		mo	ma

02 ▶ 순치음(唇齒音 - 아랫입술 문 소리) ; f

윗니와 아랫입술을 이용하여 발음하는 소리　🔊 1-2

한어병음	발음 방법	연습
f	① 윗니로 아랫입술을 가볍게 물고 있다가 ② 입 안의 공기(气流)가 입술의 양쪽 옆 공간으로 빠져 나오듯 길게 천천히 발음한다.	fo　fa

⚠ 쌍순음의 p처럼 한 번에 내뱉듯 발음하면 안 된다. 거울을 보며 윗니로 아랫입술을 가볍게 물고 발음하는지 확인한다.

f 발음 모습

p와 f의 발음 비교(100쪽 참고)　🔊 1-3

	p	f	비교 연습
발음 특징	폭발시키듯 한 번에	천천히 길게	po - fo pa - fa
	입 안의 공기를 한 번에 내뱉듯 발음한다.	입 안의 공기가 좁은 공간으로 빠져 나오듯 천천히 발음한다.	
차이점	한 번에 내뱉듯 발음하기 때문에 음을 길게 늘여서 발음할 수 없다.	좁은 공간을 빠져 나오듯 발음하기 때문에 음을 길게 발음할 수 있다.	

03 설첨음(舌尖音 - 혀끝 소리) ; d, t, n, l

혀끝과 윗니 뒷부분을 이용하여 발음하는 소리   🔊 1 - 4

한어병음	발음 방법	연습	
d		de	da
t	① 혀끝을 윗니 뒷부분에 붙였다 떼면서 ② 'ㄸ, ㅌ, ㄴ, ㄹ'음이 나도록 발음한다.	te	ta
n		ne	na
l		le	la

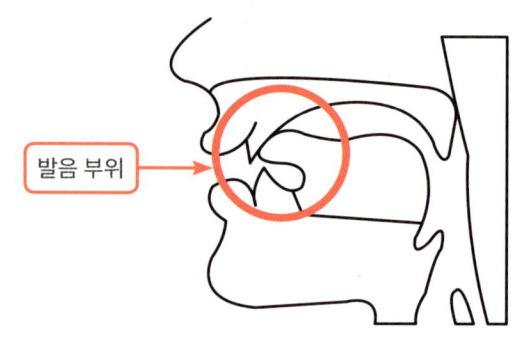

(설첨음)

04 설근음(舌根音 - 혀뿌리 소리) ; g, k, h

혀뿌리와 목구멍을 이용하여 발음하는 소리   🔊 1 - 5

한어병음	발음 방법	연습
g	① 입을 벌리고 혀를 약간 뒤쪽으로 이동시키고	ge ga
k	② 목구멍 근처에서 'ㄲ, ㅋ, ㅎ'음이 나도록 발음한다. (주의) 혀를 너무 많이 뒤로 이동시키지 않는다.	ke ka
h		he ha

⚠️ h는 마찰음으로 g, k보다 조금 더 목구멍 안쪽에서 발음된다. 발음 요령은 동일하지만 목구멍 안쪽 깊숙한 곳에서 소리가 시작되듯이 발음한다.

05 설면음(舌面音 - 혓바닥 소리) ; j, q, x

입 안의 공기(气流)가 혓바닥을 스치며 발음하는 소리   🔊 1 - 6

한어병음	발음 방법	연습
j	① 혀끝을 입 안 어디에도 닿지 않게 하고	ji
q	② 'ㅉ, ㅊ, ㅆ'음이 나도록 조금 강하게 발음한다.	qi
x		xi

⚠️ 혀끝이 윗니(또는 윗니와 아랫니 사이) 뒤쪽에 닿지 않게 한다.

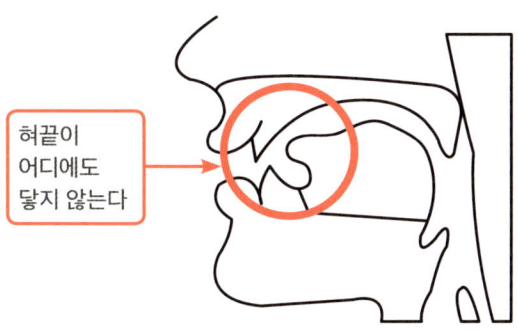

(설면음)

06 설치음(舌齒音 - 혀끝 윗니 소리) ; z, c, s

혀끝과 윗니 뒷부분을 이용하여 발음하는 소리　　🔊 1 - 7

한어병음	발음 방법	연습
z	① 혀끝을 윗니 뒤쪽(또는 윗니와 아랫니 사이)에 붙였다 떼면서	zi za
c		ci ca
s	② 'ㅉ, ㅊ, ㅆ'음이 나도록 강하게 발음한다.	si sa

⚠ 모음 i 는 '으'라고 발음한다.(114쪽 참고)

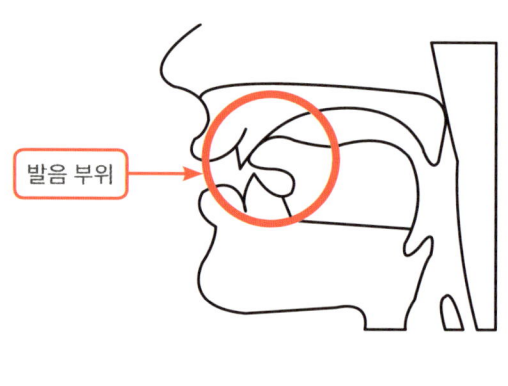

(설치음)

● j, q, x와 z, c, s의 발음 비교　　🔊 1 - 8

	j q x (설면음)	z c s (설치음)	비교 연습
발음 특징	혀끝이 입 안 어디에도 붙지 않는다.	혀끝을 윗니(혹은 윗니와 아랫니 사이) 뒤쪽에 붙였다 떼면서 발음한다.	ji - zi qi - ci xi - si
차이점	i 가 공통으로 결합되지만, i 발음은 서로 다르다. (114쪽 참고)		

⚠ 동일한 모음과 결합되어 발음되지 않는다.

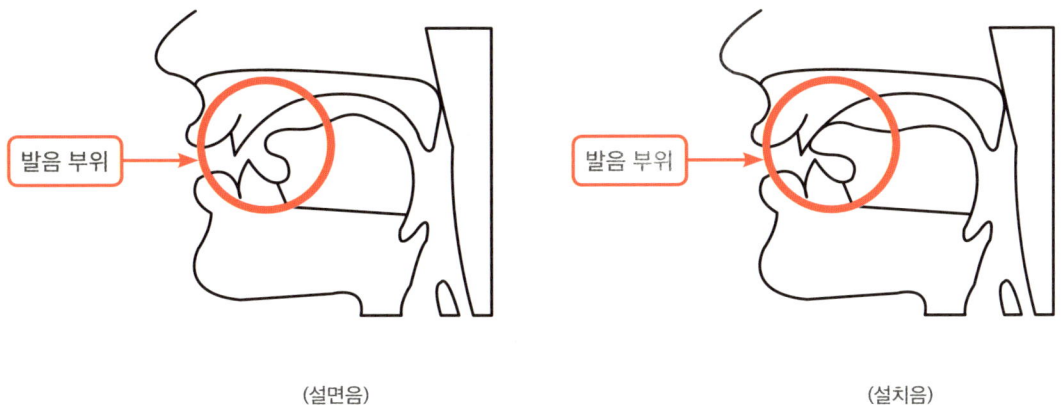

(설면음)　　　　　　　　　(설치음)

07 ▶ 권설음(卷舌音 - 혀끝 세운 소리) ; zh, ch, sh, r

혀끝을 세워 입천장의 앞쪽에 붙였다 떼면서 발음하는 소리

- 혀를 말아서 발음하는 것이 아니다. (106쪽 참고)　　🔊 1-9

한어병음	발음 방법	연습
zh	* 우리말 'ㄹ'음을 응용해서 연습하자. ① 우리말 '빨'을 발음하면 혀끝이 살짝 올라가며 윗잇몸 뒤에 붙게 된다. 여기서 혀끝을 조금 뒤로 이동하면 권설음의 발음 부위가 된다. ② 세워진 혀끝을 살짝 붙였다 떼면서 'ㅉ, ㅊ, ㅅ, ㄹ'음을 조금 강하게 발음한다. ③ r은 마찰음으로 zh, ch, sh와는 발음 부위에서 약간 차이가 있다. 혀끝을 세우지만 입천장 앞쪽에 붙지 않는다. 혀끝이 입 안에서 살짝 떠있는 느낌으로 발음한다.	zhi
ch		chi
sh		shi
r		ri

⚠️ 혀끝을 입 안 뒤쪽으로 너무 많이 이동시키지 않는다.

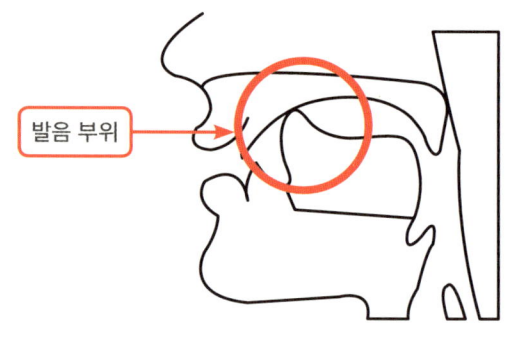

(권설음)

1) 권설음을 2개의 단계로 나누어 연습한다.

단계	설명	발음 요령
1단계	혀끝을 세우는 단계	혀끝을 세워 입천장 앞쪽의 딱딱한 부분에 붙인다.
2단계	모음을 발음하는 단계	자음과 결합되는 모음을 발음하며 전체 음을 완성한다.

● 우리말 'ㄹ'을 활용하여 혀끝의 움직임을 잘 느끼면서 연습한다.

- 권설음은 혀끝의 발음 부위가 중요하다. 우리말 '빨'을 이용하여 혀끝을 세운 후, 정확한 음이 나오도록 발음 부위를 잘 찾아야 한다. 이 때 혀끝을 무리하게 입 안 뒤쪽으로 이동시키면 발음하기 불편하다.
  또한 결합되는 모음에도 영향을 미쳐 정확한 발음을 할 수 없으니 주의한다.
- 혀끝이 윗잇몸 뒤쪽에 붙으면 z, c, s(설첨음)와 구분이 되질 않으니 발음 부위를 잘 구분해서 연습한다.

2) 모음 a, u를 이용하여 연습하자.

① zh, ch, sh, r + a 🔊 1 - 10

단계	발음 요령
1단계	우리말 '빨'을 발음한 후, 혀끝을 세워 입천장 앞쪽의 딱딱한 부분에 붙인다.
2단계	턱을 아래로 내리면서 입을 벌려 우리말 '짜, 차, 싸, 라'를 조금 강하게 발음한다.
연습	zha　　cha　　sha　　ra

⚠ ra는 혀끝이 입 안 어디에도 붙지 않고, 허공에 떠있는 상태에서 조금 강하게 발음한다.

● 주의할 점
- a를 붙여 연습할 때는 턱을 아래로 내리면서 입을 벌리는 게 중요하다.
- 혀끝을 세워서 발음한다는 생각 때문에 혀끝을 계속 세워 '짤, 찰, 샬, 랄'처럼 'ㄹ' 받침이 섞인 소리를 내면 안 된다. 준비 동작은 혀끝을 세우지만, 뒤에 이어지는 모음 a를 발음할 때는 턱과 혀를 밑으로 내리면서 입을 벌려야 정확한 음을 낼 수 있다.
- 거울을 보며 연습하자. 발음이 끝나는 동시에 거울로 본인의 혓바닥을 볼 수 있어야 한다.

② zh, ch, sh, r + u 🔊 1 - 11

단계	발음 요령
1단계	우리말 '빨'을 발음한 후, 혀끝을 세워 입천장 앞쪽의 딱딱한 부분에 붙인다.
2단계	입술을 동글게 오므린 후 혀를 입 안 뒤쪽으로 이동시키며 우리말 '쭈, 추, 슈, 루'를 조금 강하게 발음한다.
연습	zhu　　chu　　shu　　ru

⚠️ ru는 혀끝이 허공에 떠있는 상태에서 조금 강하게 발음한다

● **주의할 점**
- u를 붙여 연습할 때는 입술을 동글게 모으면서 혀를 뒤쪽으로 이동해야 한다.
- 혀끝을 세워서 발음한다는 생각 때문에 발음이 끝날 때까지 혀끝을 세워 'ㄹ' 받침이 섞여 '쭐, 출, 슐, 룰'이라고 발음하지 않도록 주의한다.
- 거울을 보면서 입술 모양에 주의하며 연습한다.

MEMO

02 모음 편

> **모음 연습할 때 주의할 점**
>
> ▶ 입술을 '오므리고 벌리는' 동작이 매우 중요하다, 거울을 보면서 연습한다.
> ▶ 우리말 습관처럼 발음하면 어색하게 들린다. 특히 복합 모음은 입술의 움직임을 단계별로 잘 지켜서 연습한다.
> ▶ 한어병음 표기만 보면 혼돈될 수 있다, 각 음의 설명을 잘 보고 정확히 음을 내도록 연습한다.

01 ▶ 단모음(单韵母) ; 한 개의 모음으로 이루어진 모음 형태

- 단계별로 발음 요령을 잘 지켜서 발음한다.
- 거울을 보며 입술 모양을 잘 유지하면서 연습한다.

🔊 2-1

한어병음	발음 요령	연습
a	1단계 ; 입을 벌리고 2단계 ; 턱을 밑으로 내리며 '아~'라고 발음한다.	ba ta

🔊 2-2

한어병음	발음 요령	연습
o	1단계 ; 입술을 둥글게 모으고 2단계 ; 턱을 밑으로 내리며 혀를 뒤로 이동시켜 '오~'라고 발음한다.	bo po

⚠ 우리말 '오'보다 턱을 조금 더 밑으로 내리고, 혀를 조금 더 입 안 뒤쪽으로 이동시켜서 발음한다.

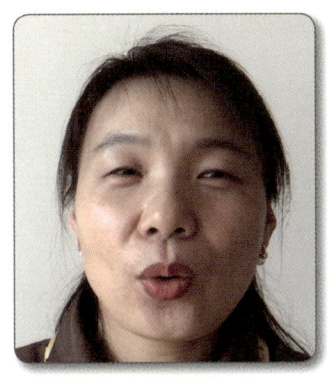

o 발음 모습

🔊 2-3

한어병음	발음 요령	연습
e	⚠ '어~'라고 발음하지 않는다. 1단계 ; 먼저 o음을 정확히 발음한다. (위의 o발음 요령 참고) 2단계 ; 입 안의 혀는 움직이지 않고, 동글게 모아진 입술만 옆으로 살짝 벌려서 발음한다. 이 때 턱이 위로 조금 올라간다.	ke zhe

⚠ 입술을 옆으로 너무 많이 벌리지 않는다. 거울로 입술 모양의 변화를 보면서 연습하자.

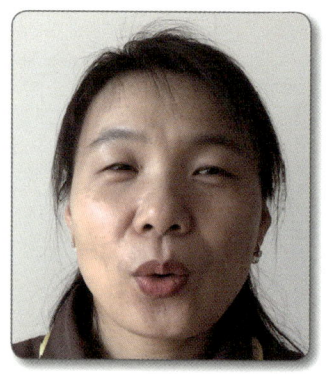
o 발음 모습

e 발음 모습

🔊 2-4

한어병음	발음 요령	연습
i	1단계 ; 입술을 옆으로 벌리고 2단계 ; '이~'라고 발음한다.	ni ji

🔊 2-5

한어병음	발음 요령	연습
u	1단계 ; 입술을 둥글게 모으고 2단계 ; 혀를 뒤로 이동시켜 '우~'라고 발음한다.	lu shu

⚠️ 우리말 '우' 보다 혀를 조금 더 뒤쪽으로 이동시켜서 발음한다.

🔊 2-6

한어병음	발음 요령	연습

ü	⚠ '위~'라고 발음하지 않는다.
	
	① i로 연습하는 방법
	  1단계 ; 먼저 입을 옆으로 벌려 i음을 발음한다.
	  2단계 ; 입 안의 혀는 움직이지 않고, 옆으로 벌어진 입술만 앞으로 동글게 모으면서 발음한다.
	② u로 연습하는 방법
	  1단계 ; 입을 동글게 모으고 u음을 발음한다.
	  2단계 ; 동글게 모아진 입술은 움직이지 않고, 입 안의 혀끝을 앞으로 이동하면서 발음한다.
		ju
		
		qu
		
		xu
		
		nü
		
		lü

⚠ 동글게 모아진 입술 모양을 발음이 끝날 때까지 유지한다.

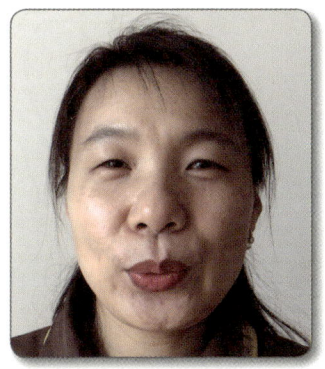

ü 발음 모습

● **ü 연습할 때 주의할 점**

① ü는 '입술은 동글게, 혀끝은 앞쪽에' 위치하는 특징이 있다. 위의 두 가지 연습 방법 중 자신이 편한 방법을 택해 연습하는데, 반드시 거울로 입술 모양을 확인한다.

② 동글게 모은 입술이 발음이 끝나기도 전에 입술이 옆으로 벌어지면 우리말 '위~' 라고 잘못 발음하게 된다. 연습할 때 입술의 양쪽 끝을 잡고 발음하는 것도 좋은 방법이다.

🔊 2-7

한어병음	발음 요령	연습
er	권설음의 발음 요령과 비슷하다. 1단계 ; 혀끝을 살짝 들어 올리며 2단계 ; 혀끝이 입천장 앞쪽 딱딱한 곳에 살짝 붙으며 발음된다.	er

⚠ 혀끝을 너무 뒤로 이동시켜 과장되게 발음하지 않는다.

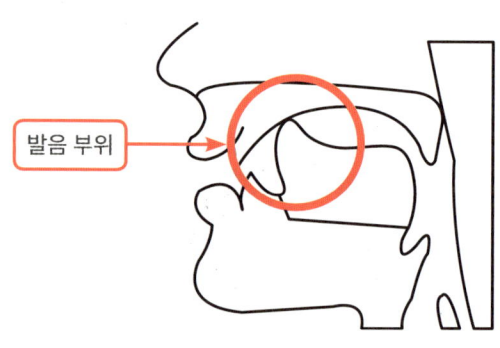

(er 발음 그림)

02 ▶ 복합 모음(复合韵母) ; 두 개 이상의 모음으로 이루어진 모음 형태

- 소리가 가장 명확하게 발음되는 '중심 모음'을 잘 파악한 후 연습한다.
- 우리말 습관처럼 복합 모음을 하나로 합쳐서 발음하면 어색하게 들린다.
- 각 단계별로 입술 모양을 정확히 유지한다. 거울을 보며 천천히 연습한다.

1) 전향모음(前响元音) ; ai, ei, ao, ou

- 앞 모음(중심 모음)이 뒤 모음보다 소리가 크고 명확하게 발음된다.

🔊 2-8

한어병음	발음 요령	연습
ai	a를 크고 명확하게 '**아**이~ '라고 발음한다.	tai hai
ei	e를 크고 명확하게 '**에**이~ '라고 발음한다.	pei lei
ao	a를 크고 명확하게 '**아**오~ '라고 발음한다.	mao shao
ou	o를 크고 명확하게 '**어**우[əu]~ '라고 발음한다.	dou kou

⚠ ou를 '오우~ '라고 발음하지 않는다. (116쪽 참고)

2) 후향모음(后响元音) ; ia, ie, ua, uo, üe

- 뒤 모음(중심 모음)이 앞 모음보다 소리가 크고 명확하게 발음된다.
- 후향모음의 i, u, ü는 소리는 약하게 발음되지만, 입술 모양(벌리거나 오므리는)은 정확히 유지해야 한다. 거울을 보면서 연습한다.

🔊 2-9

한어병음	발음 요령	연습
ia	1단계 ; 입술을 옆으로 벌린 후 2단계 ; 턱을 밑으로 내리며 a를 크고 명확하게 '이**아**~'라고 발음한다. ⚠️ 우리말식으로 '야~'라고 발음하면 어색하게 들린다.	lia xia
ie	1단계 ; 입술을 옆으로 벌린 후 2단계 ; 턱을 밑으로 내리며 e를 크고 명확하게 '이**에**~'라고 발음한다.	bie tie
ua	1단계 ; 입술을 동글게 오므린 후, 혀를 약간 뒤로 이동시킨다. 2단계 ; 입을 벌리며 a를 크고 명확하게 '우**와**~'라고 발음한다. ⚠️ 우리말식으로 '와~'라고 발음하면 어색하게 들린다.	gua shua
uo	1단계 ; 입술을 동글게 오므린 후, 혀를 약간 뒤로 이동시킨다. 2단계 ; 턱을 밑으로 내리며 o를 크고 명확하게 '우**어**~'라고 발음한다. ⚠️ 우리말식으로 '워~'라고 발음하면 어색하게 들린다.	duo huo
üe	1단계 ; 입술을 동글게 오므린 후, 혀는 앞쪽에 위치한다. 2단계 ; 입술을 약간 옆으로 벌리며 e를 크고 명확하게 '위**에**~'라고 발음한다.	jue nüe

* ü는 j, q, x와 결합되어 발음될 때 u로 표기한다. j, q, x는 u와 결합되지 않기 때문에 ü로 표기하지 않아도 혼돈되지 않는다. (43쪽 참고)

3) 중향모음(中响元音) ; iao, iou, uai, uei

- 세 개의 모음 중 가운데 모음(중심 모음)이 소리가 크고 명확하게 발음된다.
- 첫 번째 모음은 후향모음처럼 입술 모양을 정확하게 유지하는 게 중요하다. 거울로 입술의 움직임을 보면서 천천히 연습한다.

🔊 2 - 10

한어병음	발음 요령	연습
iao	1단계 ; 입술을 약간 옆으로 벌린 후 2단계 ; 입술을 벌리며 a를 명확하게 '이**아**오~'라고 발음한다.	piao xiao
iou	1단계 ; 입술을 약간 옆으로 벌린 후 2단계 ; 턱을 밑으로 내리며 o를 명확하게 '이**어**우~'라고 발음한다.	liu xiu
uai	1단계 ; 입술을 동글게 오므린 후, 혀를 약간 뒤로 이동시킨다. 2단계 ; 입을 벌리며 a를 명확하게 '우**아**이~'라고 발음한다.	huai shuai
uei	1단계 ; 입술을 동글게 오므린 후, 혀를 약간 뒤로 이동시킨다. 2단계 ; 입술을 옆으로 벌리며 e를 명확하게 '우**에**이~'라고 발음한다.	gui tui

● iou, uei는 자음과 결합될 때 가운데 중심 모음 o, e를 생략하고 표기한다.

	iou	uei
자음과 결합될 경우	jiu qiu xiu niu liu	gui kui hui zui shui

* o, e 를 생략한 채 표기하지만, 연습을 할 때는 o, e 를 명확히 발음한다. (중심 모음을 생략하고 표기하는 이유는 120쪽 참고)

4) n 비음 복합 모음

- 단계별로 입술 모양(벌리거나 오므리는)을 정확히 유지하고 중심 모음을 명확히 발음한다.

🔊 2 - 11

한어병음	발음 요령	연습
an	1단계 ; 턱을 밑으로 내리며 2단계 ; '안~ '이라고 발음한다.	fan kan
ian	1단계 ; 입술을 옆으로 벌린 후 2단계 ; 턱을 밑으로 내리며 '엔 '이 명확하게 들리도록 '이**엔**~ '이라고 발음한다. ⚠ '이안~ '으로 발음하지 않는다.	tian qian
uan	1단계 ; 입술을 동글게 모은 후, 혀를 약간 뒤로 보내고 2단계 ; 입을 벌리며 '**안** '이 명확하게 들리도록 '우**안**~ '이라고 발음한다. ⚠ 우리말식으로 '완~'이라고 발음하면 어색하게 들린다.	nuan chuan
üan	1단계 ; 입술을 동글게 모은 후, 혀끝을 입 안 앞쪽으로 보내고 2단계 ; '엔'이 명확하게 들리도록 '위**엔**~ '이라고 발음한다.	juan xuan
en	'언~ '이라고 발음한다.	men fen
in	1단계 ; 입술을 옆으로 살짝 벌리며 2단계 ; '**인**~ '이라고 발음한다.	jin xin
uen	1단계 ; 입술을 동글게 오므린 후, 혀를 약간 뒤로 보낸다. 2단계 ; 입술을 옆으로 살짝 벌리며 '언 '이 명확하게 들리도록 '우**언**~ '이라고 발음한다.	dun chun

ün	1단계 ; 입술을 동글게 오므린 후, 혀를 앞쪽으로 이동시킨다. 2단계 ; '**윈~** '이라고 발음한다. ⚠ 발음이 끝날 때까지 입술을 동글게 유지한다.	jun qun xun

* uen 은 자음과 결합할 경우, 중심 모음 e 를 생략하고 un 으로 표기한다. 이것은 iou, uei 와 같은 표기 원칙으로 실제 발음과 연관이 있다. (120쪽 참고)

● **uan과 üan의 비교**

한어병음	발음	자음 결합		발음이 시작될 때 혀의 위치
		j q x	z c s	
uan	우안 [uan]	X	O	u 의 영향으로 입 안 뒤쪽에 위치한다.
üan	위엔 [üæn]	O	X	ü 의 영향으로 입 안 앞쪽에 위치한다.

5) ng 비음 복합 모음

- 단계별로 입술 모양(벌리거나 오므리는)을 정확히 유지하고 중심 모음을 명확히 발음한다.

🔊 2 - 12

한어 병음	발음 요령	연습
ang	1단계 ; 입을 조금 크게 벌리고 2단계 ; 혀를 약간 뒤쪽으로 보내면서 '앙~ '이라고 발음한다.	hang zhang
iang	1단계 ; 입술을 옆으로 벌리고 2단계 ; 턱을 내리며 '앙 '이 명확히 들리도록 '이**앙**~ '이라고 발음한다. ⚠ 우리말식으로 '양~'이라고 발음하면 어색하게 들린다.	liang xiang

uang	1단계 ; 입술을 동글게 모으고 2단계 ; 입을 벌리며 '앙 '이 명확하게 들리도록 '우**앙**~ '이라고 발음한다. ⚠ 우리말식으로 '왕 '이라고 발음하면 어색하게 들린다.	**guang** **chuang**
eng	1단계 ; 입을 벌리고 2단계 ; 턱을 밑으로 내리면서 '엉~ '이라고 발음한다.	**peng** **sheng**
ing	1단계 ; 입술을 약간 옆으로 벌리며 2단계 ; '잉~ '이라고 발음한다.	**ming** **ting**
ueng	1단계 ; 입술을 동글게 오므린 후 2단계 ; 턱을 밑으로 내리며 '엉'이 명확하게 들리도록 '우**엉**~'이라고 발음한다. ⚠ 우리말식으로 '웽 '이라고 발음하면 어색하게 들린다.	**ueng**
ong	1단계 ; 입술을 동글게 오므린 후 2단계 ; '옹~ '이라고 발음한다.	**dong** **zhong**
iong	1단계 ; 입술을 동글게 오므린 후 2단계 ; '용~ '이라고 발음한다. ⚠ 발음이 끝날 때까지 입술을 동글게 유지한다.	**qiong** **xiong**

● **복합 모음은 입술의 움직임이 많기 때문에 천천히 연습한다.**

① 2~3개의 모음으로 구성된 복합 모음을 우리말식으로 한 번에 합쳐서 발음하면 어색하게 들린다. 예를 들어, 'guāng (光)'을 우리말식으로 발음하면 '꽝'이지만, 중국어 발음은 1단계 ; 입술을 동글게 오므린 후, 2단계 ; 턱을 밑으로 내리며 '꾸**앙**'이라고 발음한다. 'piàoliang (漂亮)'과 'shuāliǎn (刷脸)'도 우리말식은 '표량', '솨롄'이지만, 정확한 중국어 발음은 '피아오리앙', '슈아리엔' 이다.

② 복합 모음은 중심 모음을 제외한 나머지 모음들도 일정한 소리를 내야하는 특징 때문에 우리말보다 입술과 혀의 움직임이 많다. 발음할 때 입술의 움직임을 단계별로 거울을 보면서 천천히 연습한다.

03 ▶ 한어병음을 표기할 때 주의할 점

- 한어병음은 중국어의 발음을 간편하고 효율적으로 표기하기 위해 로마자로 만든 발음 부호이다. 아래는 한어병음의 표기 원칙이다. 혼돈되지 않도록 주의한다.

1) i, u, ü 의 표기

① i, u, ü 가 자음과 결합되지 않고 단독으로 음절을 형성하거나, 자음 없이 첫 머리에 나올 경우 아래와 같이 표기한다.

표기 원칙	i ⇨ y		u ⇨ w		ü ⇨ yu	
	발음	한어병음 표기	발음	한어병음 표기	발음	한어병음 표기
단독으로 음절 형성	i	yi	u	wu	ü	yu
자음 없이 첫 머리에 나올 경우	ia	ya	ua	wa	üe	yue
	ie	ye	uo	wo	üan	yuan
	iao	yao	uai	wai	ün	yun
	iou	you	uei	wei		
	ian	yan	uan	wan		
	in	yin	uen	wen		
	iang	yang	uang	wang		
	ing	ying	ueng	weng		
	iong	yong				

② i, u, ü를 y, w, yu로 표기하는 이유는 각 음절과 음절 사이를 명확히 구분하기 위함이다. (118쪽 참고)

2) ü 의 표기

① ü 와 결합되는 자음은 모두 j, q, x, n, l 이다. 이 중 j, q, x 와 결합될 때 위의 두 점을 생략하고 u 로 표기한다. j, q, x 가 u 와 결합되지 않기 때문에 ü 로 표기하지 않아도 혼돈되지 않는다.

② n, l 는 u, ü 와 모두 결합되어 발음되기 때문에 명확히 구분해서 표기한다.

한어병음	u	ü
j	결합되어 발음되지 않는다.	ju jue juan jun
q		qu que quan qun
x		xu xue xuan xun
n	nu nuo nuan	nü nüe
l	lu luo luan lun	lü lüe

● 이 밖에도 한어병음의 표기에는 여러 원칙이 있다. 문장의 첫 머리, 인명, 지명, 고유 명사 등은 첫 글자를 대문자로 표시한다. 또한 사람 이름은 성과 이름 사이를 한 칸 띄고 표기하는 등, 여러 표기 원칙이 있지만 이것은 발음과는 무관한 것으로 여기서는 설명을 생략한다.

03 성조 편

성조를 연습할 때 주의할 점

▶ 성조 연습의 핵심은 음의 높낮이 변화를 구분하는 것이다.

▶ 사람마다 생김새가 다르고 목소리도 다르듯, 사람들마다 낼 수 있는 음의 높낮이가 같지 않다. 본인이 낼 수 있는 범위 안에서 '높은 음과 낮은 음, 올라가는 음과 내려가는 음'을 각각 명확하게 구분하여 발음한다.

▶ Voice Analyst를 이용하면 음의 높낮이 변화를 한 눈에 볼 수 있어 성조 연습에 효과적이다. 교재에 실린 중국인의 성조 샘플과 자신의 성조를 비교해 가면 비슷하게 발음하도록 연습한다.

01 성조란 무엇인가?

성조란 각 글자마다 가지고 있는 음의 높낮이(音高)로서, 글자의 뜻을 구분하는 매우 중요한 역할을 한다. 자음과 모음이 동일해도 성조가 달라지면 글자와 뜻이 달라지기도 한다. 이로 인해 성조를 정확히 구분해서 발음해야 원활한 의사소통이 가능하며, 불필요한 오해를 막을 수 있다.

중국 표준어(普通话)는 음의 높낮이에 따라 '제1성, 제2성, 제3성, 제4성' 등 4개의 성조로 구분하며 이것을 '사성(四声)' 이라고 한다.

1) 각 성조의 특징

성조	주요 특징	성조 및 한자
제1성	- 높은 음이 높낮이 변화 없이 길고 평탄하게 지속되는 성조 - 다른 성조의 음의 높낮이를 결정하는 중요한 성조이다.	mā(妈) 엄마
제2성	- 중간 음 높이에서 제1성의 음 높이까지 올라가는 성조 - 음이 아래로 내려가는 제4성과 대비된다.	má(麻) 삼 마
제3성	- 낮은 음이 길게 발음되다가 끝부분이 중간 음 높이로 올라가는 성조 - 음의 길이가 가장 길다.	mǎ(马) 말
제4성	- 제1성 음 높이에서 가장 낮은 음으로 빠르게 내려가는 성조 - 음의 길이가 가장 짧고 강하게 발음된다.	mà(骂) 욕하다

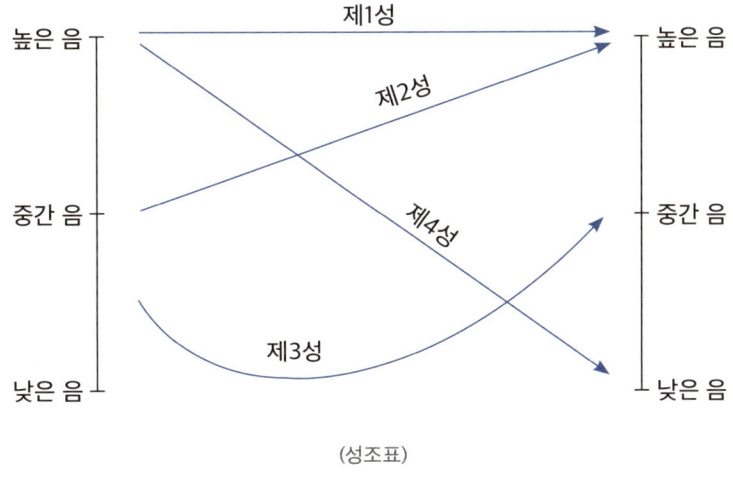

(성조표)

2) 성조 표기

한어병음의 모음 위에 성조를 표기한다. 제1성은 ¯ , 제2성은 ´ , 제3성은 ˇ , 제4성은 ˋ 로 각각 표기하는데 예를 들어, ā, é, ǒ, ù, ǖ 등이다. 아래는 성조 표기에 관한 기본 원칙이다.

① 모음 i 위에 성조를 표기할 경우에는 위의 점을 생략하고 그 위에 성조를 표기한다.
  예) mī, mí, mǐ, mì
② 복합 모음은 중심 모음(명확하게 발음되는 모음) 위에 성조를 표기한다.
  예) jiā (家), tóu (头), gěi (给), zhuàng (撞)
③ iou, uei 는 자음과 결합할 경우 o, e 를 빼고 표기하기 때문에 두 번째 모음 위에 표기한다.
  예) qiū (秋), huí (回), jiǔ (九), suì (岁)
④ 경성은 아무런 표기를 하지 않지만, 간혹 한어병음(또는 한자) 앞에 '·'을 찍어 표기한다.
  예) yuè·liang (月亮), rè·nao (热闹), 东·西, 买·卖
  * 본 교재는 학습자의 이해를 돕기 위해 경성은 '·'으로 표기하였다.

02 성조 연습 방법

1) 제2성을 먼저 연습한다.

① 본인에게 적합한 제1성의 음 높이를 찾아라.
- 각 개인마다 음의 높낮이(음역대)가 다르다. 단순히 높고 길게 발음한다고 본인에게 적합한 제1성이라고 할 수 없다. 먼저 본인에게 적합한 제1성의 음 높이를 찾는 게 중요하다.

② 제2성으로 제1성의 음 높이를 파악한다.
- 편안한 상태에서 발음한 제2성의 높은 음 꼬리가 본인에게 적합한 제1성의 음 높이가 된다. 이렇게 파악한 제1성을 기준으로 연습하면 다른 성조들의 음 높이 변화를 어렵지 않게 익힐 수 있다.

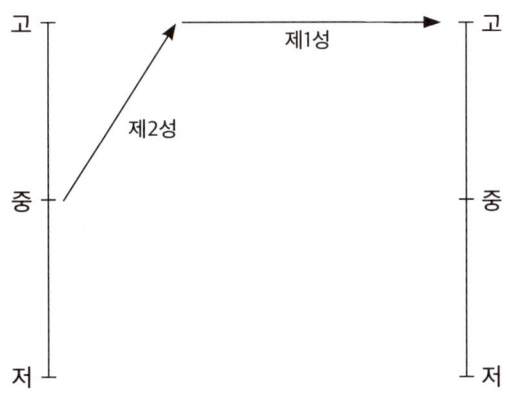

(제2성 + 제1성)

- 자세한 연습 방법은 52쪽 참고

2) 2개의 성조를 묶어서 연습한다.

① 음의 높낮이 변화를 비교한다.
- 한 개의 성조를 단독으로 연습하면 '음의 높낮이 변화'를 비교할 대상이 없어 성조를 정확히 익히기가 어렵다. 2개의 성조를 함께 연습하면 음의 높낮이 변화를 비교하고 느낄 수 있다.

② 각 성조의 음 높이는 서로 연관되어 있다.
- 아래의 도표처럼 제2성, 제1성, 제4성, 제3성 순으로 성조를 늘어놓으면 각 성조의 음 높이는 서로 연관되어 있음을 알 수 있다.
- 제2성의 높은 음 꼬리가 제1성의 출발점이 되고, 제1성의 음 꼬리에서 낮고 빠르게 발음하면 제4성이 된다. 제4성의 음 꼬리에서 낮은 음을 길게 발음하면 제3성이 되고, 제3성의 음 꼬리에서 제1성만큼 높이 올려서 발음하면 제2성이 된다.

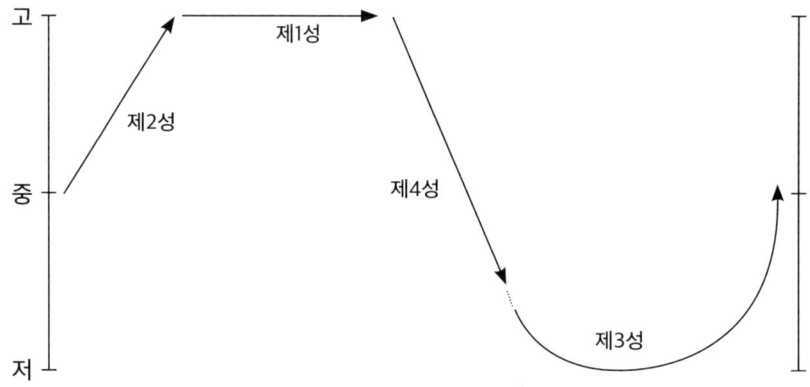

(제2성 + 제1성 + 제4성 + 제3성)

③ 회화 연습에 도움이 된다.
- 각 성조의 음 꼬리와 음 머리를 연결시키는 연습을 통해 각각의 성조들을 부드럽게 이어서 발음할 수 있다. 향후 회화 연습에도 많은 도움이 된다.

3) 손동작을 활용한다.

① 음의 높낮이 변화를 손동작으로 익힌다.
- 청각에만 의존해 '음의 높낮이 변화'를 익히기란 쉽지 않다. 위, 아래로 움직이는 손동작을 눈으로 보면서 입으로 발음하면 음의 높낮이 변화를 효과적으로 익힐 수 있다.

② 손동작은 크고 천천히
- 손동작은 가급적 크게 한다. 처음에는 천천히 하면서 익숙해지면 조금씩 동작을 빨리 한다.

4) Voice Analyst를 이용한 연습 방법

① 음성 분석 프로그램
- 스마트 기기用 음성 분석 프로그램으로 본래 언어 치료를 목적으로 개발되었다.
- 사용자의 목소리를 녹음하여 '피치(pitch-음의 높낮이)'와 '볼륨(volume-음량)'의 변화를 실시간으로 분석한다.
- '피치(pitch)'분석을 통해 나타난 음의 높낮이 변화(성조)를 눈으로 확인할 수 있다.
- 자신의 성조를 중국인의 성조 샘플과 비교하며, 오류를 수정하고 정확한 발음을 익히는 데 활용한다.

② 본인의 음 높이 변화를 체득하자
- 스마트폰과 테블릿 pc(iPad 등)에서 사용 가능하며, Android와 iOS로 각각 출시되어 있어 해당 앱스토어에서 구매할 수 있다.
- 사용법이 간단하여 언제든지 쉽게 사용자가 성조를 분석하고 참고할 수 있다. 이 프로그램을 이용하여 사용자 자신이 빨리 본인의 음의 높낮이 변화를 체득하는 게 중요하다.

* 이와 유사한 프로그램으로 Voice Tools도 있으나, 중복을 피하기 위해 구체적인 사용법은 생략한다.

5) Voice Analyst 활용법

① 설정

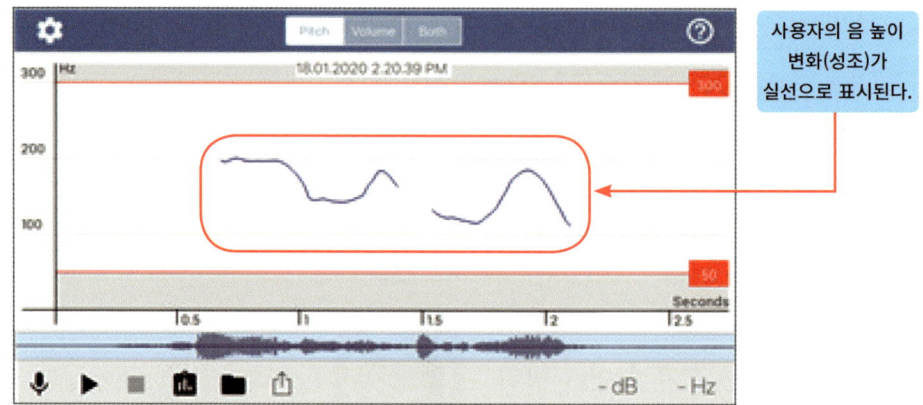

- 좌측 상단의 설정 버튼(⚙)을 눌러 pitch 범위를 설정할 수 있지만, 설정하지 않고 사용해도 무방하다.
- 중앙 상단의 [Pitch] 를 눌러 음의 높낮이 분석 화면으로 전환한다.

② 사용법 ;

- 좌측 하단의 녹음 버튼(🎤)을 누르면 버튼 색깔이 빨간 색으로 바뀌면서 녹음이 시작된다.
- 발음을 시작하고, 발음이 끝나면 하단의 ■ (정지 버튼)을 누른다.
- 화면에 실선으로 나타난 음의 높낮이 변화를 확인한다.
- ▶ (재생 버튼)을 눌러 자신의 목소리와 음의 높낮이 변화를 확인한다.

③ Voice Analyst 활용 가이드

성조	체크 포인트	주의할 점
제1성	- 음을 충분히 높여서 발음하는가? - 음이 길게 발음하는가? - 음 높이가 처음부터 끝까지 동일하게 유지되는가? (음 꼬리가 조금 내려가기도 한다)	- 음이 짧게 발음되지 않도록 주의한다. (음의 길이가 짧으면 음 높이를 일정하게 유지하기 어렵고, 경성과 구분이 안 된다) - 음 꼬리가 위로 올라가지 않도록 주의한다.

제2성	- 음 꼬리가 제1성의 음 높이만큼 올라가는가? - 중간 음 높이에서 끊어지지 않고 부드럽게 음이 올라가는가? - 제2성을 너무 짧게 발음하지 않는가?	- 음 꼬리를 너무 무리하게 높여서 발음하지 않도록 주의한다. - 편안한 상태에서 제2성을 발음할 때, 음 꼬리가 제1성보다 높이 올라간다면, 제1성의 음 높이가 낮을 수도 있으니 제1성을 조금 높여서 발음하는 게 좋다.
제3성	- 낮은 음 부분을 길게 발음하는가? - 음 꼬리가 중간 음 높이로 천천히 올라가는가? (음 꼬리를 의식적으로 올리지 않는다)	- 낮은 음이 짧게 발음되지 않도록 주의한다. (제3성은 음의 길이가 가장 긴 성조이다) - 음 꼬리가 너무 높이 올라가지 않도록 주의한다. (높이 올라가면 제2성과 구분이 안 된다)
제4성	- 제1성의 음 높이에서 음이 내려가는가? (강하게 발음되는 제4성의 특징으로 음 머리가 제1성보다 약간 높이 올라가기도 한다) - 음 꼬리가 가장 낮은 음으로 내려가는가?	- 단순히 짧고 강하게만 발음하면 안 된다. - 가장 높은 음에서 가장 낮은 음으로 빠르게 내려와야 한다. - 제4성의 음 머리가 제1성의 음 꼬리보다 많이 올라가지 않도록 주의한다.

④ 중국인 성조 샘플과 비교한다.

- 각 연습마다 제공되는 Voice Analyst 샘플은 중국 여성의 성조를 분석한 것이다.
- 사용자가 본 교재의 예문을 Voice Analyst로 분석한 후, 중국인의 성조 샘플과 비교한다.
- 각 개인의 특징을 고려하여 100% 일치할 필요는 없지만, 최대한 비슷하게 발음하도록 연습한다.

03 성조 기초 연습

- 음 높이가 서로 연관된 2개의 성조를 함께 연습하면서 각 성조별로 음의 높낮이 변화를 익힌다.
- 첫 번째 성조의 음 꼬리와 두 번째 성조의 음 머리를 잘 연결하도록 연습한다.

1) 제2성 + 제1성

① 연습 목적
  - 높이 올라가는 제2성으로 자신에게 적합한 제1성의 음 높이를 파악한다.
  - 제2성이 최고조에 올랐을 때 음의 높이를 기억하자, 제1성의 출발점이 된다.

② 제2성 발음 방법 (손동작 참고)
  - 손바닥을 안쪽으로 향하게 하고, 가슴 앞에 가로로 놓는다.
  - 시선은 손바닥을 바라보며, 손바닥을 천천히 위로 올림과 동시에 발음을 시작한다.
  - 손바닥이 높이 올랐을 때 발음을 멈춘다. 발음이 끝날 때까지 시선을 손바닥에서 떼지 않는다.
  - 제2성을 너무 높여서 발음하지 않는다. 편안한 상태에서 자신이 낼 수 있는 음 높이까지 발음한다.
  - 제2성으로 제1성의 적절한 음 높이를 파악하는 단계로서 제2성을 정확하게 발음하는 게 중요하다.

(준비동작)　　　　　　　　　　(손을 올리며 발음한다)

③ 제1성과 연결

- 제2성의 음 꼬리에서 음 높이의 변화 없이 이어서 길고 평탄하게 발음하면 제1성이 된다.
- 제1성을 길게 발음할 때 음 꼬리가 위로 올라가지 않도록 주의한다.

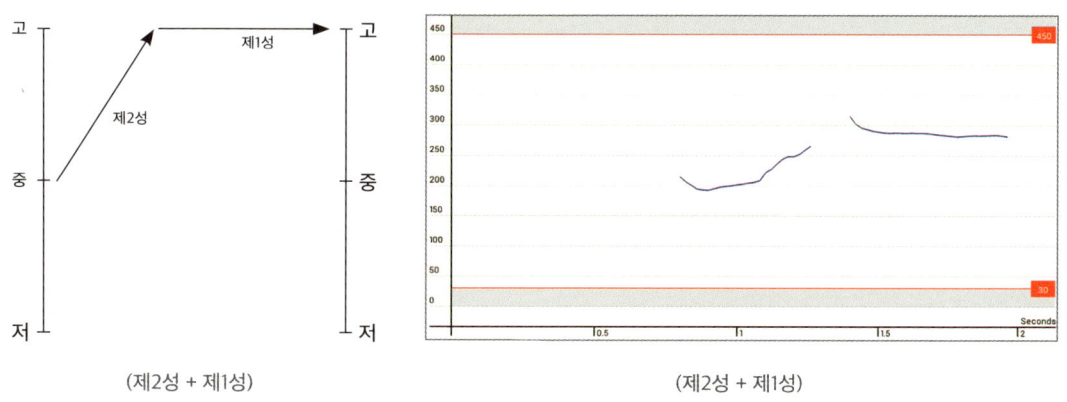

(제2성 + 제1성)　　　　　　　　　　　　　(제2성 + 제1성)

연습　　　　　　　　　　　　　　　　　　　　　　　　3 - 1

조합	예 문			
제2성 + 제1성	míngtiān (明天)	zuótiān (昨天)	xuésheng (学生)	tígāo (提高)

2) 제1성 + 제4성

① 연습 목적

- 높은 음인 제1성을 이용하여 제4성이 낮게 내려가도록 발음한다.
- 제1성의 음 꼬리에서 멈추지 말고, 바로 이어서 가장 낮은 음까지 재빨리 내려가면 제4성이 된다.
- 제1성의 높은 음을 유지해야 제4성이 낮은 음으로 내려올 수 있는 공간이 생긴다.

② 제1성 발음 방법
　- 제2성의 올라가는 음 꼬리의 음 높이를 기억한다.
　- 눈높이보다 조금 높은 곳을 바라보며, 제2성의 음 꼬리 높이에서 길고 평탄하게 발음한다.
③ 제4성과 연결
　- 제1성의 높은 음 꼬리에서 끊지 말고 바로 이어서 짧고 빠르게 가장 낮은 음으로 내려온다.
　- 제4성의 음 머리가 제1성의 음 꼬리보다 높이 올라가지 않도록 주의한다.
　(간혹 강하게 발음하는 제4성으로 특징으로 제4성의 음 머리가 제1성의 음 꼬리보다 살짝 높이 올라가기도 한다)
● 제4성의 음 머리가 제1성보다 높이 올라간다면 제1성의 음 높이가 낮을 수도 있으니 제1성의 음 높이를 높게 조정해 본다.

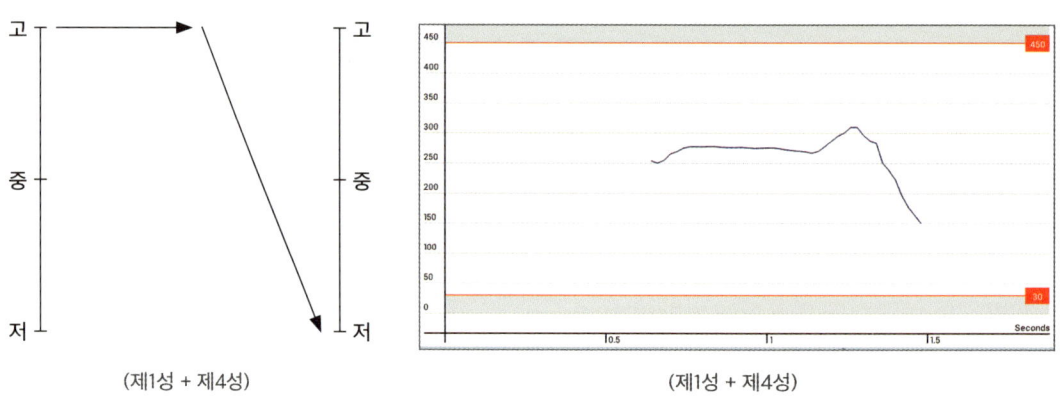

(제1성 + 제4성)　　　　　　　　　　(제1성 + 제4성)

연습　　　　　　　　　　　　　　　　　　　　　3 - 2

조합	예 문			
제1성 + 제4성	chīfàn (吃饭)	xīwàng (希望)	gāoxìng (高兴)	shāngdiàn (商店)

2) 제4성 + 제3성

① 연습 목적
- 가장 낮게 내려가는 제4성을 이용하여 제3성의 음 머리를 낮게 발음한다.
- 제4성을 낮게 발음하면서 음 꼬리에서 멈추지 않고 바로 이어서 낮고 길게 발음하면 제3성이 된다.
- 제4성을 단순히 짧고 강하게만 발음하면 안 된다. 음이 낮게 내려가는 음 높이 변화에 집중한다.

② 제4성 발음 방법 (손동작 참고)
- 제1성의 음 높이를 기억하며, 손바닥을 안쪽으로 향하게 하고 팔뚝을 수직으로 세워 몸 앞에 놓는다.
- 시선은 손바닥을 바라보며, 손바닥을 아래로 내림과 동시에 발음을 시작한다.
- 손바닥이 낮게 내려가면 발음을 멈춘다. 발음이 끝날 때까지 시선을 손바닥에서 떼지 않는다.

(준비 동작)　　　　　　　　　　(손을 내리며 발음한다)

③ 제3성과 연결
- 낮게 내려간 제4성의 음 꼬리에서 끊지 말고, 바로 이어서 낮은 음을 길게 늘어지듯 발음한다.
- 제4성의 음 꼬리에서 음을 높여서 제3성의 음 머리와 연결하면 어색하게 들리니 주의한다.

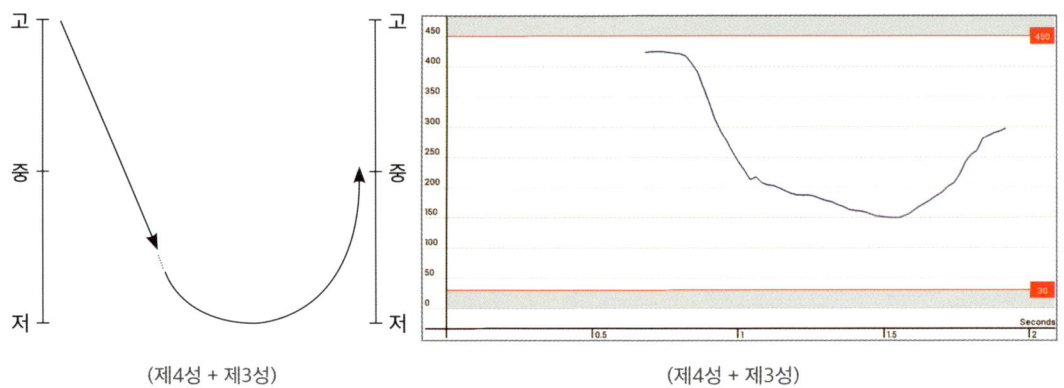

(제4성 + 제3성)   (제4성 + 제3성)

연습 3 - 3

조합	예 문				
제4성 + 제3성	shàngwǔ (上午)	xiàyǔ (下雨)	Hànyǔ (汉语)	diànyǐng (电影)

4) 제3성 + 제2성

① 연습 목적
- 음 꼬리가 올라가는 제3성을 이용하여 제2성을 부드럽게 올려서 발음한다.
- 낮은 음을 길게 유지하다가 멈추지 말고, 이어서 음 꼬리를 제1성 높이만큼 올리면 제2성이 된다.

② 제3성 발음 방법
- 제4성 음 꼬리의 낮은 음을 기억하고, 시선은 눈높이보다 낮은 곳을 바라본다.
- 제3성의 음 꼬리를 높이 올리지 않는다. 너무 높이 올리면 제2성과 구분이 안 되니 주의한다.

③ 제2성과 연결
- 제3성의 낮은 음을 길게 발음하다가 천천히 소리를 작게 줄이면 자연스럽게 음 꼬리가 살짝 올라간다. 이 때 제2성과 연결하여 제1성의 음 높이만큼 올려서 발음한다.
- 제3성의 올라가는 음 꼬리를 의식하지 말고, 낮은 음을 길게 발음해야 제2성과 연결이 쉬워진다.

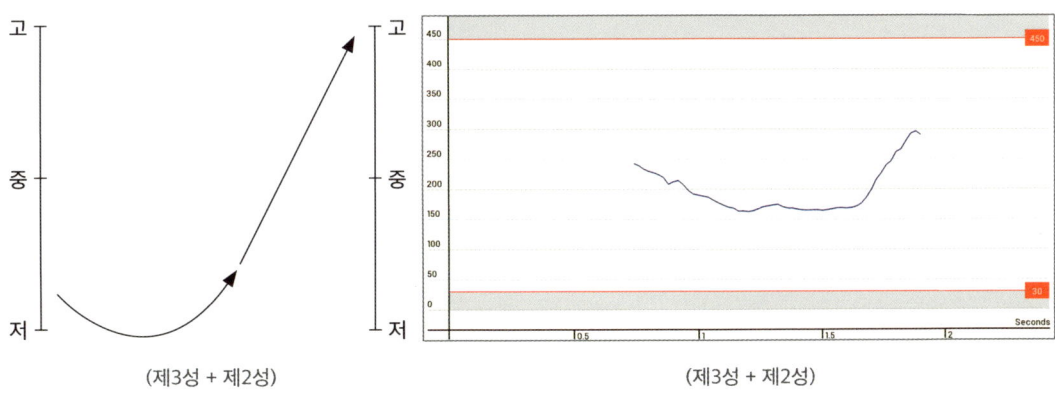

(제3성 + 제2성)

연습 3 - 4

조합	예 문			
제3성 + 제2성	xiǎoxué (小学)	hǎowán (好玩)	qǐlái (起来)	hěn máng (很忙)

⚠ 제3성의 낮은 음을 길게 발음하면 '半3성'은 연습하지 않아도 자연스럽게 익힐 수 있다. (130쪽 참고)

5) 경성(轻声)

항 목	내 용
개 요	① 각 글자들이 가지고 있는 고유의 성조가 여러 원인(문법적인 기능, 글자의 중첩, 언어 습관 등)으로 본래의 음 높이와 음의 길이를 잃어버리고 '약하고 짧게' 발음된다. ② 기존 성조의 변화로서 일정한 음 높이(**调值**)가 없다. ③ 단어에 따라 본래 성조대로 발음할 때와 경성으로 발음할 때 의미가 달라진다. - **大意** (dàyì) ---> 대의 (명사) - **大意** (dà·yi) ---> 소홀히 하다 (형용사)
발 음 특 징	① 앞 글자의 성조에 따라 경성의 음 높이가 결정되기 때문에 앞 글자의 성조를 정확히 발음해야 한다. ② 제3성 뒤에 이어지는 경성의 음 높이가 제일 높고, 그 다음으로 제2성 뒤의 경성, 제1성 뒤의 경성, 제4성의 경성 순으로 음 높이가 낮아진다. ③ 경성의 핵심은 '자연스러움'이다. 무조건 약하고 짧게 발음하지 말고, 본래의 성조보다 소리가 조금 작아진다는 느낌으로 힘을 빼고 발음한다.

⚠️ 경성은 아무런 표시도 하지 않지만, 한어병음 (혹은 글자) 앞에 '·'으로 표기하기도 한다.

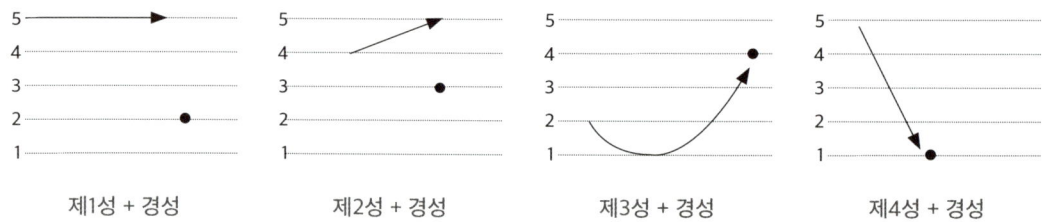

제1성 + 경성　　　제2성 + 경성　　　제3성 + 경성　　　제4성 + 경성

(경성 음 높이)

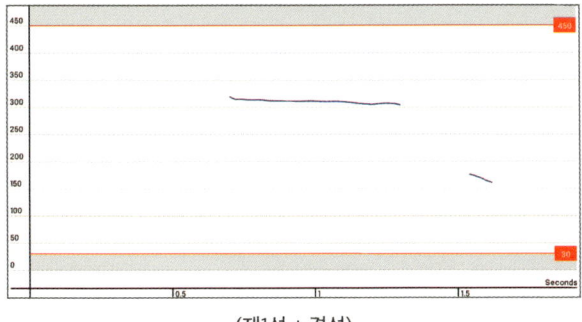
(제1성 + 경성)

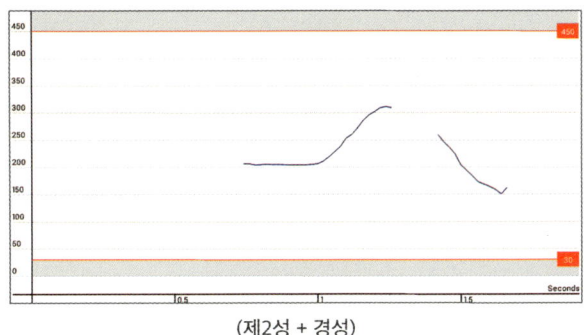
(제2성 + 경성)

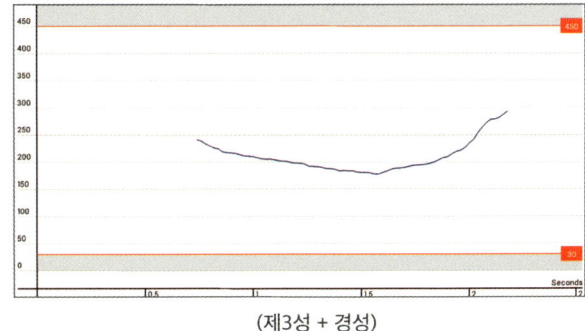
(제3성 + 경성)

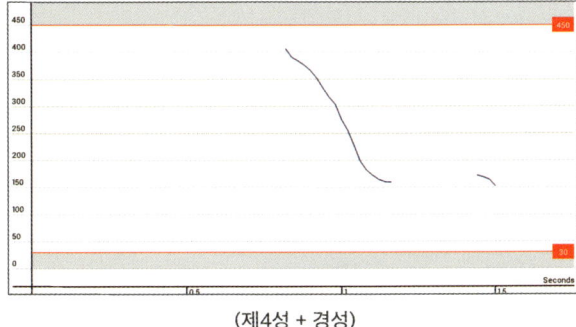
(제4성 + 경성)

조합	연 습			
제1성 + 경성	mā·ma (妈妈)	chī·le (吃了)	xiāo·xi (消息)	bēi·zi (杯子)
제2성 + 경성	yé·ye (爷爷)	lái·guo (来过)	shí·tou (石头)	táo·zi (桃子)
제3성 + 경성	jiě·jie (姐姐)	xiě·zhe (写着)	xǐ·huan (喜欢)	yǐ·zi (椅子)
제4성 + 경성	jiù·jiu (舅舅)	kàn·guo (看过)	kè·qi (客气)	shì·zi (柿子)

MEMO

서유이목자(西儒耳目资) 한어병음의 힌트(?)

한자(漢字)라는 진입 장벽을 넘어 중국어를 좀 더 쉽게 익힐 수 있도록 만든 일등공신은 단연 한어병음이다. 한자의 발음을 로마자로 표기하는 한어병음은 '口耳之学(입과 귀로 공부하는 학문)'라는 말로 대변되던 한자를 효율적이고 체계적으로 익힐 수 있게 하였다.

소리와 글자 모양이 일치하지 않는 표의(表意) 문자의 특성 때문에 문맹률이 높고 일부 지식계층의 전유물이었던 한자가 이제는 중국을 넘어 UN에서 지정하는 6개 공식 언어에 포함되었다는 사실이 한어병음의 절대적인 역할을 증명한다.

중국에서 문자에 대한 표음(表音)화 노력은 아주 오래 전부터 있었다. 하지만 한자를 대체할 표음 문자를 새로 만든다는 게 말처럼 그리 쉬운 일은 아니었다. 이런 과정 속에서 '서유이목자'는 한자의 표음화에 많은 힌트(?)를 제공하였다고 볼 수 있다.

'서유이목자'는 쉽게 말해, 세계 최초의 외국인을 위한 중국어 교재이다. 그 유래를 간단히 살펴보면, 명나라 말 황실과 교류하며 외래 문물을 전하고 포교 활동을 하던 외국인 선교사들이 있었는데, 그 중에 예수회 소속의 이탈리아 출신 '마테오 리치(Matteo Ricci)'라는 선교사가 있었다. 그는 포교 활동을 위해 중국어를 익혔고, 유창한 중국어

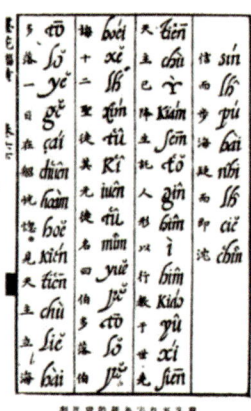 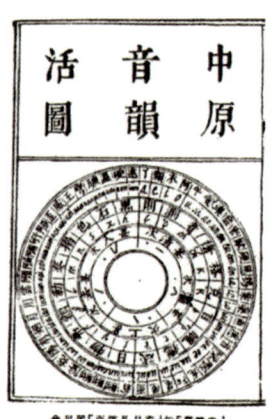

서유이목자

실력으로 많은 중국 사람들과 교류하며 중국의 문화를 서양에 소개하기도 하였다. 이 때 '정씨묵원(程氏墨苑)'이라는 서적을 소개하면서 한자 발음을 로마자로 표기하는 표기 방법을 고안

해 냈다. 당시 한자에 익숙하지 않았던 많은 선교사들은 마테로 리치가 고안한 로마자 표기법을 이용하여 중국과 관련된 내용을 기록하고 활용하였다.

그 후 프랑스 출신의 선교사인 '니콜라스 트리골트(Nicolas Trigault)'가 이런 자료들을 모아 체계적으로 다듬고 개량하여 '서유이목자'라는 책으로 만들었다. 그는 중국어의 발음을 20개의 자음과 5개의 모음으로 나누고 각각 로마자로 표기하였다. 이 책은 외국인을 위한 중국어 교재의 성격을 띠고 있지만, 그 당시 한자의 발음을 기록한 매우 중요한 역사적인 음운(音韵) 서적이기도 하다.

이 책을 본 많은 중국 학자들은 불과 30개도 안 되는 로마자로 대부분의 중국어 발음을 표기할 수 있다는 사실에 놀라움을 금치 못했다. 이를 계기로 중국의 많은 학자들이 로마자를 이용한 표기법에 관심을 갖게 되었다.

근대에 들어와 중국에서 한자의 표음화에 대해 여러 연구와 시도가 있었다. 1862년 북경 주재 영국대사관의 직원이었던 '토마스 웨이드(Thomas Wade)'가 로마자로 중국어를 표기하는 방식을 고안해 냈다. 이것을 '웨이드 방식'이라고 한다. 후에 영국인 동양학자인 '허버트 자일스(Herbert Giles)'가 일부 수정 보완하여 'A Chinese-English Dictionary'를 편찬할 때 사용하였고, 이 때문에 '웨이드-자일스 표기법'이라고도 불린다. 이 표기법은 한어병음이 등장하기 전까지 영어권 국가에서 중국어 발음을 표기하는 가장 보편적인 방법이었다.

하지만 현재 중국에서 한어병음의 표기와는 별개로 여전히 이 방식으로 표기하는 경우도 있다. 예를 들어 '북경대학(北京大学), 청화대학(清华大学)'의 영문 표기는 'Peking University, Tsinghua University'이며, 중국 '청도 맥주'의 영문 표기가 'TsingTao Beer' 등등이다. 이처럼 일부 고유 명사에 한해 이 방식의 사용을 고수하고 있다.

한편 자존심 강한 중국 학자들은 중국의 문자는 중국 고유의 방식으로 표기해야 한다는 생각으로 표음화에 열중하였고, 그 결과물이 1918년 중국의 언어학자 '장병린(章炳麟)'이 만든 주음부호(注音符号)이다. 주음부호는 한자의 필획을 차용하거나 일부를 기호화하여 만든 것으로 21개 자음과 16개의 모음으로 구성되었다. 비교적 적은 수의 부호로 한자의 발음을 정확하게 표기할 수 있다는 장점은 있었지만, 그 외에는 실용적인 활용 범위가 좁았다. 이런 이유와 주음부호의 여러 단점들이 부각되면서 한자의 표음은 로마자로 해야 된다는 학자들의 주장에 힘이 실렸다. 결국 국제적으로 통용되는 로마자가 한자 표기의 유일한 대안으로 인식되었다.
(주음부호는 지금도 대만에서 사용하고 있다)

聲母	ㄅ b 玻	ㄆ p 坡	ㄇ m 摸	ㄈ f 佛	ㄉ d 得	ㄊ t 特	ㄋ n 訥	ㄌ l 勒	ㄍ g 哥	ㄎ k 科	ㄏ h 喝
	ㄐ j 基	ㄑ q 欺	ㄒ x 希	ㄓ zh 知	ㄔ ch 蚩	ㄕ sh 詩	ㄖ r 日	ㄗ z 資	ㄘ c 雌	ㄙ s 思	
韻母	ㄚ a 啊	ㄛ o 喔	ㄜ e 鵝	ㄝ ê (耶)	ㄞ ai 哀	ㄟ ei 斜	ㄠ ao 熬	ㄡ ou 歐	ㄢ an 安	ㄣ en 恩	
	ㄤ ang 昂	ㄥ eng (亨)	ㄦ er 兒								
	C+ㄧ+ yi 衣	ㄧㄚ ia ya 呀	ㄧㄛ io yo 唷	ㄧㄝ ie ye 耶	ㄧㄠ iao yao 腰						
	C+ㄧㄡ+ iu you 愛	ㄧㄢ ian yan 煙	ㄧㄣ in yin 因	ㄧㄤ iang yang 央	ㄧㄥ ing ying 英						

주음부호

1949년 신 중국이 수립된 후 문자 개혁에 대한 대대적인 논의가 있었고, 마침내 1958년 '한어병음방안(汉语拼音方案)'을 공포하고 현재 사용하고 있다. 로마자로 구성된 한어병음은 한자에 대한 발음 표기를 넘어 여러 방면에서 활용할 수 있는 장점이 있다. 또한 로마자가 국제적으로 통용되는 문자라는 장점 때문에 중국어의 세계화에도 유리하였다. 최근에는 컴퓨터와 관련된 정보통신 기술의 비약적인 발전과 중국의 경제 성장이 맞물려 중국어는 이제 국제적인 언어로 인정받고 있다.

이처럼 로마자를 이용한 한자 표음화의 뒷배경에는 '서유이목자'가 적지 않은 힌트로 작용했으리라 생각된다.

중국어
발음&클리닉

제2장
발음 숙달 연습

유창한 회화의 기초를 다지는 발음 숙달 연습을 한다. 회화는 한 글자만으로 말하는 경우도 있지만, 대부분 여러 개의 글자들로 이루어진 문장으로 대화를 주고받는다. 이 때 각각의 성조를 자연스럽게 연결하여 말하는 것이 매우 중요하다. 자연스러운 성조의 연결은 '2글자 조합'에서 출발한다. 이 조합의 연습을 통해 중국어 회화의 완성도를 높이는 밑거름으로 삼는다.

01 2글자 조합 연습

- 4개의 성조가 경성을 포함하여 서로 조합되는 경우는 모두 19개이다.
- 각각의 성조를 정확히 발음하면서 두 개의 성조를 자연스럽게 연결하는 것에 중점을 둔다.

1) 제1성 + 제1성　　　　　　　　　　　　　　　　　🔊 4 - 1

조합 형태	발음 요령			
제1성 + 제1성	① 두 개의 제1성을 동일한 음 높이와 길이로 발음한다. ② 앞의 제1성을 길게 발음한 후, 바로 이어서 뒤의 제1성도 길게 발음한다.			
연 습	jīntiān (今天)	fēijī (飞机)	gōngsī (公司)	chūntiān (春天)
	yīnggāi (应该)	kāfēi (咖啡)	Tiānjīn (天津)	duōchī (多吃)

⚠️ 앞의 제1성을 짧게 발음하면 제4성처럼 들릴 수 있고, 뒤의 제1성을 짧게 발음하면 경성처럼 들릴 수 있으니 주의한다.

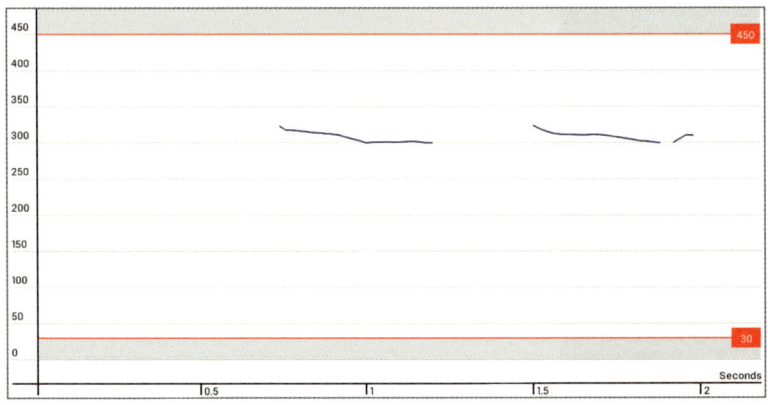

(제1성 + 제1성)

2) 제1성 + 제2성

🔊 4 - 2

조합 형태	발음 요령			
제1성 + 제2성	① 제1성을 높고 길게 발음한다. ② 제1성의 음 꼬리에서 소리를 낮춰, 제2성 음 머리에 맞추고 제2성을 재빨리 올려서 발음한다.			
연 습	gāngcái (刚才)	hēchá (喝茶)	gōngyuán (公园)	shūjí (书籍)
	Zhōngguó (中国)	yāoqiú (要求)	chūlái (出来)	gōngrén (工人)

⚠️ 제1성이 짧아지면 제4성처럼 들린다. 제1성을 길게 발음하되 음 꼬리가 올라가지 않도록 주의한다.

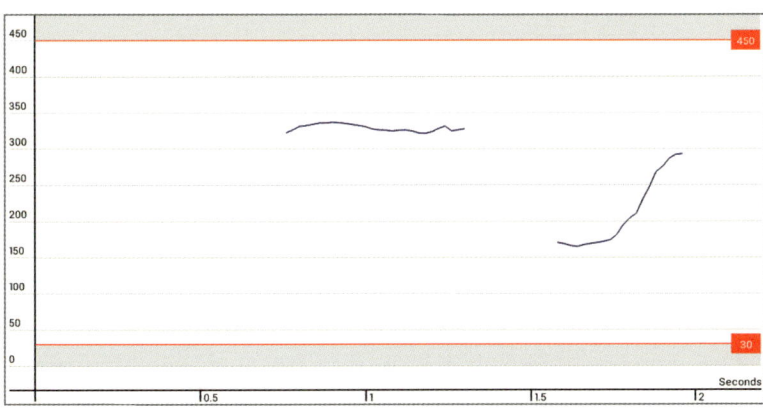

(제1성 + 제2성)

3) 제1성 + 제3성 🔊 4-3

조합 형태	발음 요령			
제1성 + 제3성	① 제1성을 높고 길게 발음한다. ② 제1성의 음 꼬리에서 소리를 낮춰, 제3성의 음 머리에 맞추고 낮고 길게 늘어지듯 발음한다. 이 때 제3성의 음 머리가 조금 높이 올라가며 제1성 음 꼬리와 연결하는 게 중요하다.			
연 습	shēntǐ (身体)	xīnkǔ (辛苦)	zhōngwǔ (中午)	wēnnuǎn (温暖)
	xiān zǒu (先走)	jīchǔ (基础)	zhēn hǎo (真好)	shāndǐng (山顶)

⚠️ 제3성의 음 꼬리를 높이 올려서 발음하지 않도록 주의한다. 제1성, 제3성 모두 음의 길이가 긴 성조이다, 천천히 길게 발음한다.

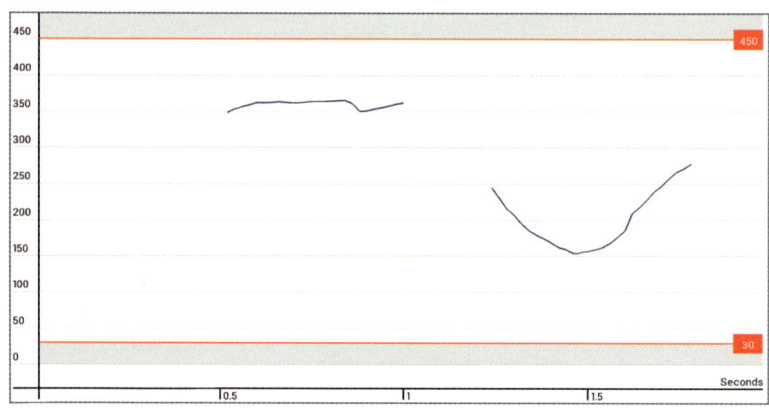

(제1성 + 제3성)

4) 제1성 + 제4성

🔊 4-4

조합 형태	발음 요령			
제1성 + 제4성	① 제1성을 높고 길게 발음한다. ② 제1성을 발음한 후 음 높이의 변화 없이 바로 이어서 제4성을 낮게 발음한다.			
연 습	yīyuàn (医院)	qīdài (期待)	yuēhuì (约会)	fādiàn (发电)
	gānjìng (干净)	fāng'àn (方案)	guīfàn (规范)	jiājìng (家境)

⚠️ 제4성의 음 머리가 제1성의 음 꼬리보다 살짝 올라가기도 하지만, 너무 높이 올라가지 않도록 주의한다.

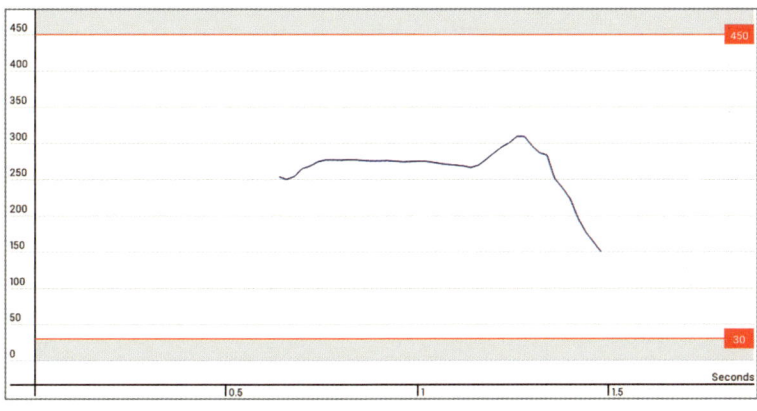

(제1성 + 제4성)

5) 제1성 + 경성

조합 형태	발음 요령			
제1성 + 경성	① 제1성을 높고 길게 발음한다. ② 제1성의 음 꼬리를 서서히 낮추면서 중간 음 높이보다 약간 낮게 하고, 이어지는 경성은 소리를 작게 하면서 짧고 약하게 발음한다.			
연 습	gē·ge (哥哥)	jī·hu (几乎)	tā·men (他们)	zhuō·zi (桌子)

⚠ 경성의 음 높이를 제1성과 동일하게 유지하면 어색하게 들린다.

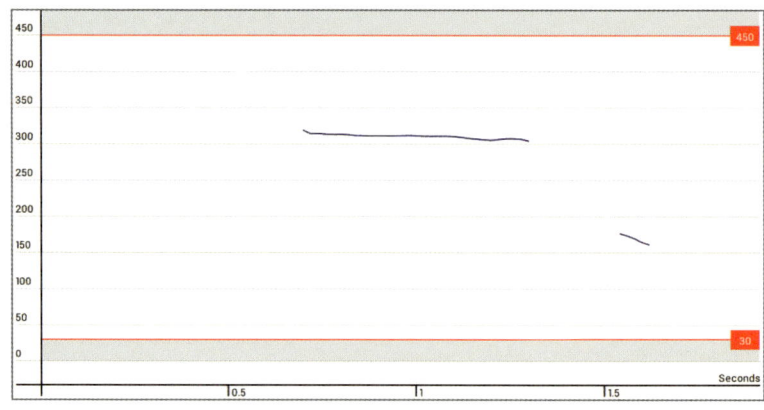

(제1성 + 경성)

6) 제2성 + 제1성

조합 형태	발음 요령			
제2성 + 제1성	① 제2성의 음 꼬리를 부드럽게 올려 제1성 높이만큼 발음한다. ② 제2성의 음 꼬리에서 멈추지 말고 바로 이어서 제1성을 높고 길게 발음한다.			
연 습	hóngdēng (红灯)	nín shuō (您说)	méi chī (没吃)	shíjiān (时间)
	míngdān (名单)	fúzhuāng (服装)	píngjūn (平均)	huíjiā (回家)

⚠ 제2성의 음 꼬리가 내려오거나, 제1성을 낮게 발음하지 않도록 주의한다. 제1성을 짧게 발음하면 경성처럼 들릴 수 있으니 주의한다.

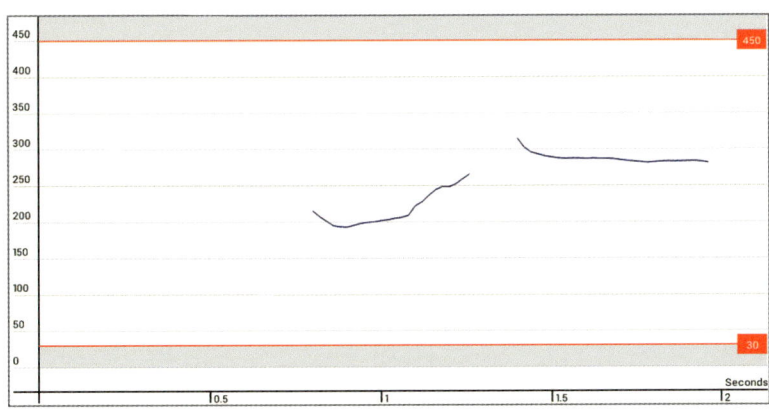

(제2성 + 제1성)

7) 제2성 + 제2성　　🔊 4-7

조합 형태	발음 요령			
제2성 + 제2성	① 앞 제2성을 높이 올려서 발음한다. ② 앞 제2성을 발음한 후 음 꼬리에서 재빨리 낮춰 제2성의 음 머리에 맞추고 바로 이어서 뒤 제2성을 발음한다.			
연 습	rénmín (人民)	yínháng (银行)	xuéxí (学习)	láihuí (来回)
	zhíyuán (职员)	mínzú (民族)	cáihuá (才华)	shícháng (时常)

⚠️ 앞뒤의 제2성 모두 동일한 높이로 발음하지만, 뒤의 제2성 음 꼬리가 앞의 제2성의 음 꼬리보다 약간 높고 길게 발음되기도 한다.

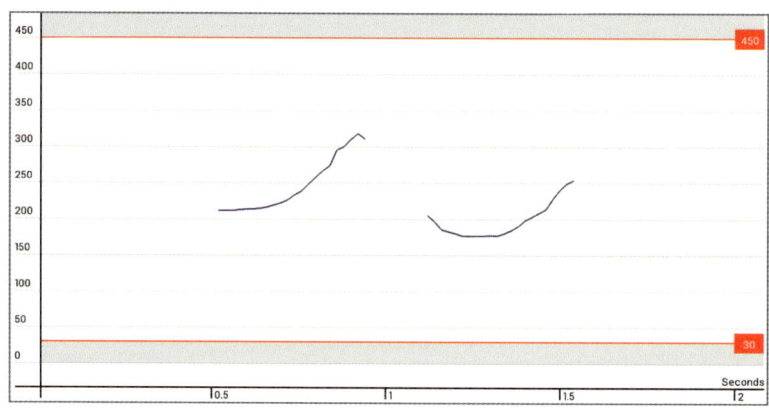

(제2성 + 제2성)

8) 제2성 + 제3성

조합 형태	발음 요령
제2성 + 제3성	① 제2성을 높이 올려서 발음한다. ② 제2성을 발음한 후 가장 높은 음에서 음 꼬리에서 재빨리 낮춰 제3성의 음 머리에 맞추고 바로 이어서 낮고 길게 제3성을 발음한다.
연 습	Hányǔ (韩语) / cídiǎn (词典) / liánxiǎng (联想) / méiyǒu (没有) niúnǎi (牛奶) / rénkǒu (人口) / chuántǒng (传统) / nánmiǎn (难免)

⚠ 제2성의 음 꼬리가 높기 때문에 이어지는 제3성의 음 머리가 약간 높아질 수 있지만 재빨리 음을 낮춰 길게 발음하는 게 중요하다.

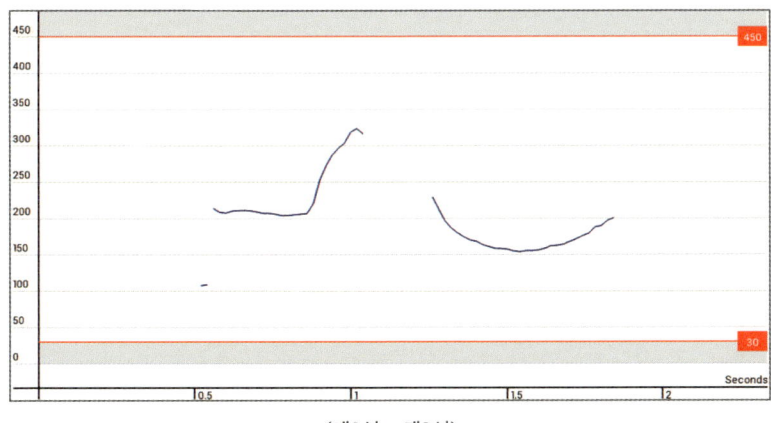

(제2성 + 제3성)

9) 제2성 + 제4성 🔊 4-9

조합 형태	발음 요령
제2성 + 제4성	① 제2성을 높이 올려서 발음한다. ② 높이 올라간 제2성의 음 꼬리에서 멈추지 말고 바로 이어서 제4성을 발음한다.
연 습	xuéxiào (学校) / niúròu (牛肉) / yóupiào (邮票) / píngjià (评价)
	liúdòng (流动) / suíbiàn (随便) / jiézòu (节奏) / juédìng (决定)

⚠️ 제2성을 충분히 높여서 발음해야 제4성이 높은 음에서 낮게 내려갈 수 있다. 뒤의 제4성을 너무 짧게 발음하면 경성처럼 들릴 수 있으니 주의한다.

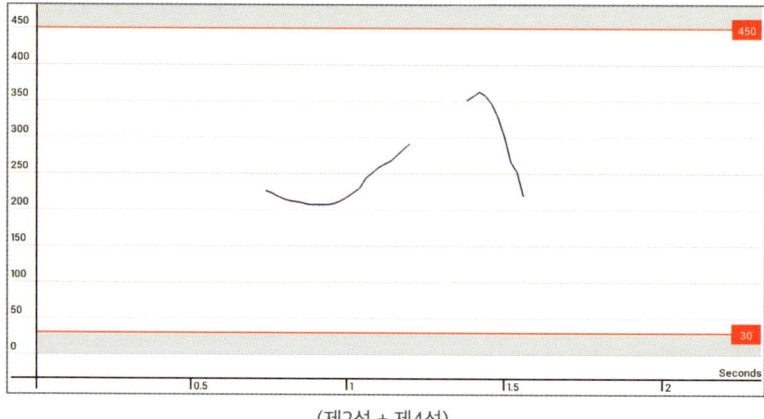

(제2성 + 제4성)

10) 제2성 + 경성　　🔊 4 - 10

조합 형태	발음 요령
제2성 + 경성	① 제2성을 높이 올려서 발음한다. ② 제2성의 높아진 음 꼬리를 중간 음 높이 정도로 낮추면서 바로 이어지는 경성은 힘을 빼면서 짧고 약하게 발음한다.
연　습	má·fan (麻烦)　　hái·zi (孩子)　　tóu·fa (头发)　　míng·bai (明白)

⚠ 제2성의 음 꼬리를 높게 발음하지 않으면 뒤의 경성 음 높이가 높아져서 어색하게 들린다.

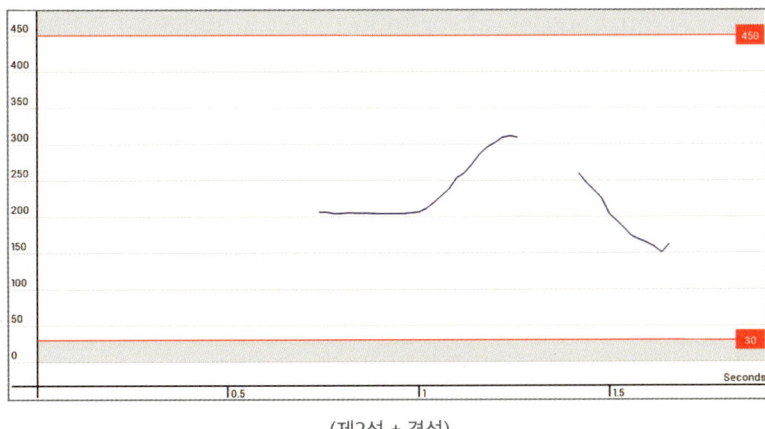

(제2성 + 경성)

11) 제3성 + 제1성

조합 형태	발음 요령
제3성 + 제1성	① 제3성을 낮고 길게 발음한다. 　(제3성의 음 꼬리 부분은 발음을 하지 않아도 된다) ② 제3성의 낮아진 음 꼬리에서 재빨리 제1성 음 머리에 맞추고 높고 길게 발음한다. 이 때 제1성의 음 머리가 조금 내려가지만 곧바로 높게 올라간다.
연 습	Běijīng (北京) / jiǎndān (简单) / xiǎoshuō (小说) / lǎoshī (老师) jǐnzhāng (紧张) / xǔduō (许多) / huǒchē (火车) / guǎngbō (广播)

⚠ 3성을 짧게 발음하거나 음 꼬리를 너무 올려서 발음하면 2성처럼 들릴 수 있으니 주의한다.

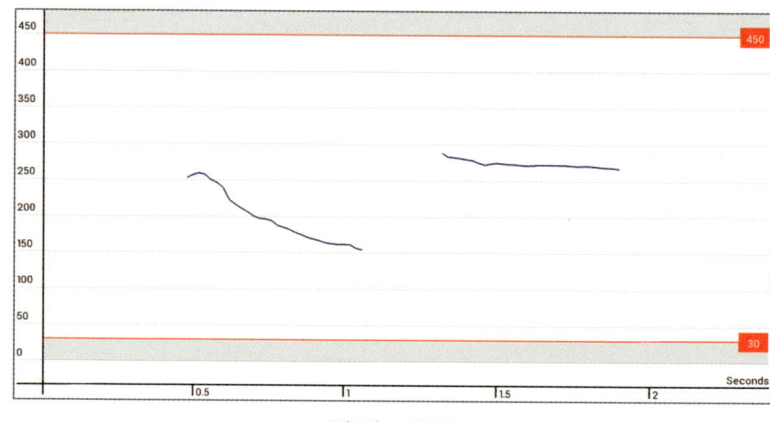

(제3성 + 제1성)

12) 제3성 + 제2성

🔊 4 - 12

조합 형태	발음 요령
제3성 + 제2성	① 제3성을 낮고 길게 발음한다. ② 낮아진 제3성의 음 꼬리에서 멈추지 말고 이어서 제2성의 음 머리와 연결하여 부드럽게 올려서 제1성 음 높이까지 발음한다.
연 습	bǎoliú (保留) / lǎoshí (老实) / fǎn'ér (反而) / bǎnquán (版权) běnlái (本来) / wǎngqiú (网球) / běnnéng (本能) / měidé (美德)

⚠️ 올라가는 제3성의 음 꼬리를 의식하지 말고, 낮고 길게 발음하면 자연스럽게 제2성의 음 머리와 연결된다.

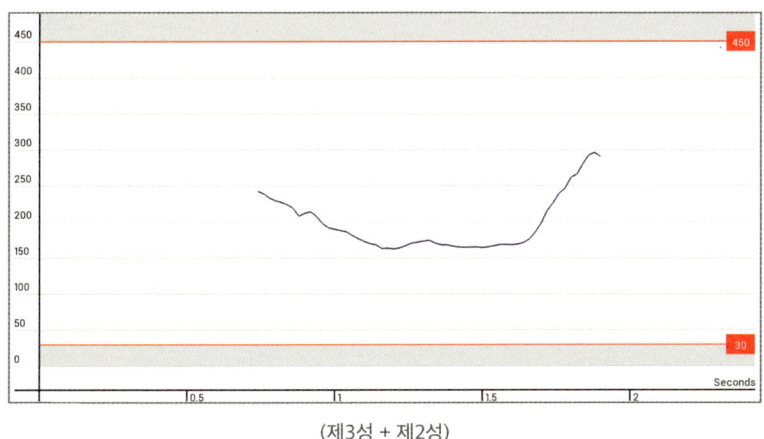

(제3성 + 제2성)

● 제3성 + 제3성은 '변조(变调-성조가 변하는 현상)' 규칙에 따라 제2성 + 제3성으로 발음한다.

13) 제3성 + 제4성　　🔊 4-13

조합 형태	발음 요령			
제3성 + 제4성	① 제3성을 낮고 길게 발음한다. 　(제3성의 음 꼬리 부분은 발음을 하지 않아도 된다) ② 제3성의 올라가는 음 꼬리에서 재빨리 제4성의 음 머리로 올라와 제4성을 낮게 발음한다.			
연 습	kǎoshì (考试)	yǒuyì (友谊)	fǎlǜ (法律)	tǎnshuài (坦率)
	xǐshì (喜事)	lǐmào (礼貌)	biǎoxiàn (表现)	zhǔyào (主要)

⚠ 제3성의 음 꼬리를 높이 올리면 제2성처럼 들릴 수 있으니 주의한다.

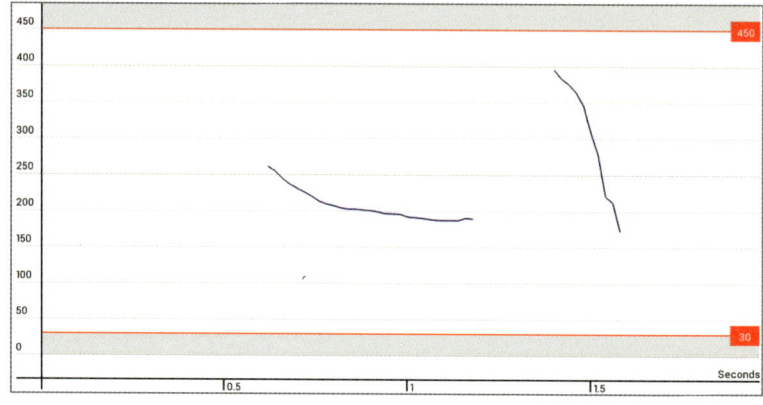

(제3성 + 제4성)

14) 제3성 + 경성 🔊 4 - 14

조합 형태	발음 요령
제3성 + 경성	① 제3성을 낮고 길게 발음한다. ② 제3성의 낮아진 음 꼬리에서 소리를 줄이면 음이 자연스럽게 중간 높이만큼 올라가게 된다. 이 때 소리를 작게 줄인다는 느낌으로 경성을 발음한다.
연 습	mǎ·tou (码头)　　yǐ·zi (椅子)　　xǐ·huan (喜欢)　　yǎn·jing (眼睛)

⚠ 제3성 뒤에 이어지는 경성의 음 높이가 가장 높다. 제3성의 음 꼬리를 높이 올려서 발음하면 이어지는 경성의 음 높이가 낮아져 어색하게 들린다.

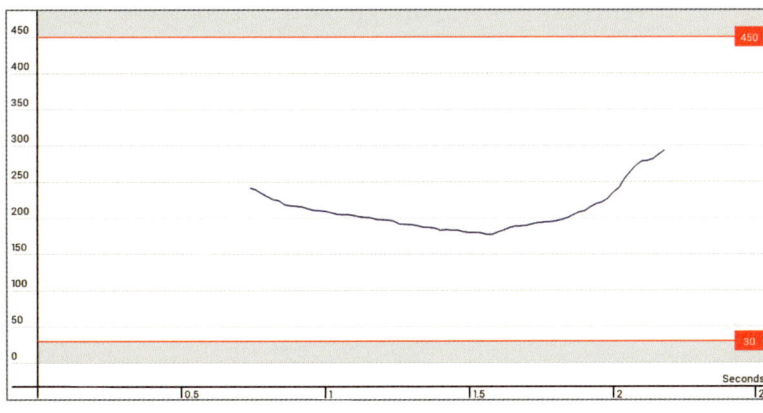

(제3성 + 경성)

15) 제4성 + 제1성

🔊 4 - 15

조합 형태	발음 요령
제4성 + 제1성	① 제4성을 제1성의 음 높이에서 낮게 내려가면서 짧고 강하게 발음한다. ② 제4성의 낮아진 음 꼬리에서 재빨리 제1성의 음 머리 높이로 올려서 제1성을 높고 길게 발음한다. ③ 제4성의 음 꼬리가 낮아 이어지는 제1성의 음 높이도 높진 않지만, 너무 낮게 발음되지 않도록 주의한다. (의식적으로 제1성을 높이 발음한다)
연 습	dàjiā (大家)	qìchē (汽车)	miànbāo (面包)	bìxū (必须)
	rènzhēn (认真)	dòngjī (动机)	zhòngduō (众多)	shèqū (社区)

⚠️ 제4성을 단순히 짧고 강하게만 발음하면 안 된다. 음이 낮게 내려가야 한다.

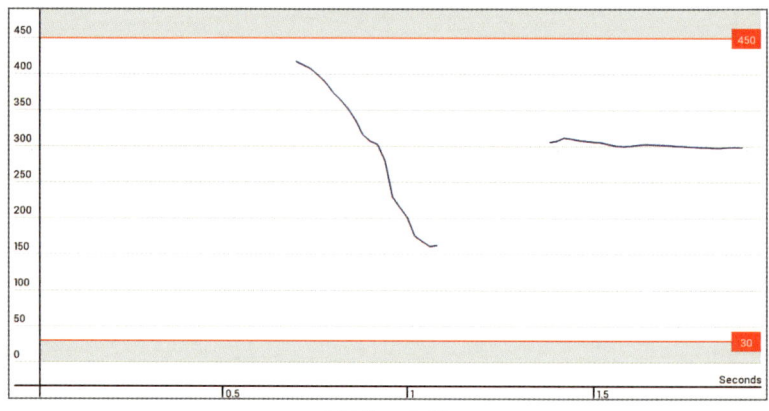

(제4성 + 제1성)

16) 제4성 + 제2성

조합 형태	발음 요령
제4성 + 제2성	① 제4성을 제1성의 음 높이에서 낮게 내려가면서 짧고 강하게 발음한다. ② 제4성의 낮아진 음 꼬리에서 멈추지 말고, 바로 이어서 재빨리 제2성을 발음한다. 마치 공이 바닥에 떨어져 튀어 오르듯 가볍고 경쾌하게 발음한다.
연 습	liànxí (练习) / wèntí (问题) / qùnián (去年) / xìnggé (性格) tèbié (特别) / jìnlái (近来) / miànqián (面前) / kùnnán (困难)

⚠ 제4성을 낮게 발음하지 않으면 제2성이 제대로 높이 올라가지 않는다.

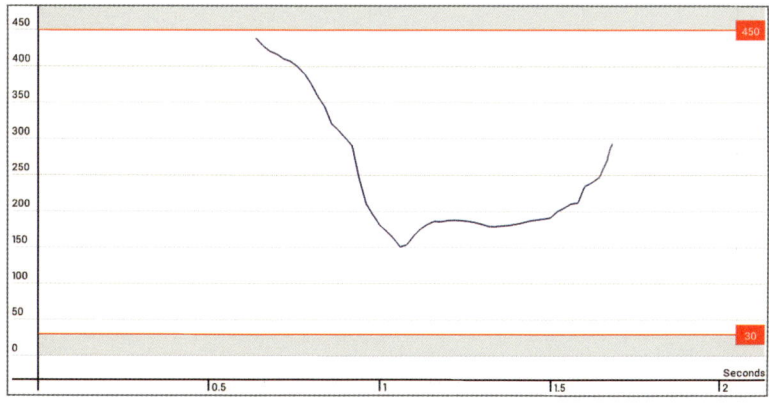

(제4성 + 제2성)

17) 제4성 + 제3성 🔊 4 - 17

조합 형태	발음 요령
제4성 + 제3성	① 제4성을 제1성의 음 높이에서 낮게 내려가면서 짧고 강하게 발음한다. ② 낮아진 제4성의 음 꼬리에서 음을 올리거나 멈추지 말고, 바로 이어서 제3성을 낮고 길게 발음한다.
연 습	Rìběn (日本) / yàopǐn (药品) / zìjǐ (自己) / zuòfǎ (做法)
	fùmǔ (父母) / bànfǎ (办法) / dàtǐ (大体) / yànyǔ (谚语)

⚠️ 이어지는 제3성의 영향으로 제4성의 음 꼬리가 가장 낮게 발음되지 않는다. 하지만 제4성의 음 꼬리가 높지 않도록 주의한다.

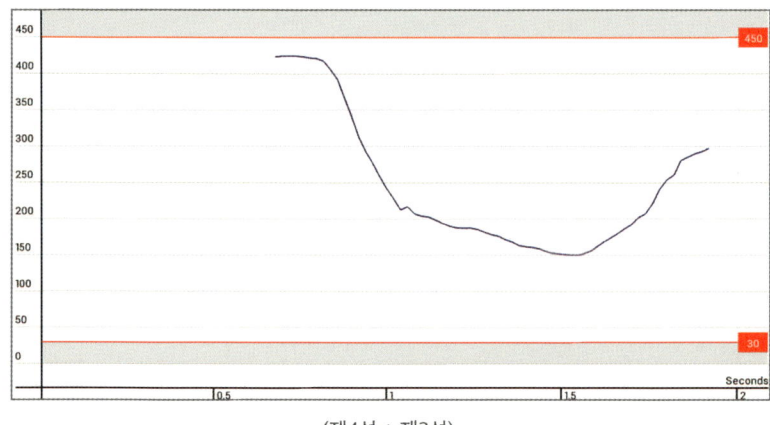

(제4성 + 제3성)

18) 제4성 + 제4성　　　🔊 4 - 18

조합 형태	발음 요령
제4성 + 제4성	① 첫 번째 제4성은 제1성의 음 높이에서 중간 음보다 조금 낮은 음 높이까지 발음한다. ② 두 번째 제4성은 제1성의 음 높이보다 조금 낮은 음에서 출발하여 가장 낮은 음으로 짧고 강하게 발음한다. ③ 하나의 제4성을 마치 전반부, 후반부로 나누어 발음하는 느낌으로 연습한다.
연 습	zàijiàn (再见)　xiànzài (现在)　fàndiàn (饭店)　diànshì (电视) bèihòu (背后)　zhùyì (注意)　jiànmiàn (见面)　zhùyuàn (祝愿)

⚠️ 첫 번째 제4성은 가장 낮은 음까지 내려가지 않는다. 가장 낮은 음으로 내려가면 두 번째 제4성을 높이 올려서 발음하기가 까다로워진다.

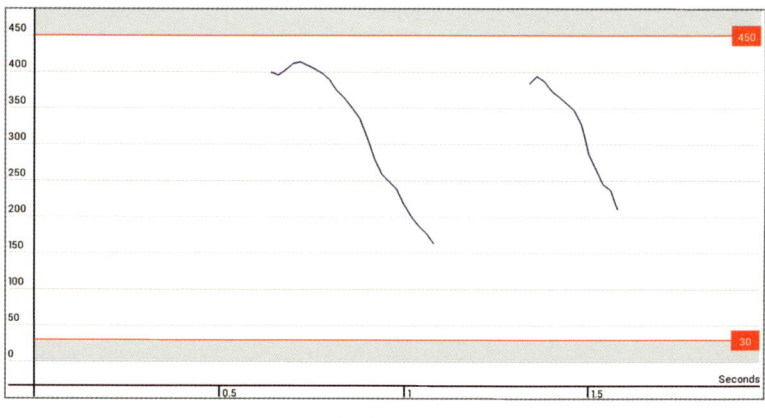

(제4성 + 제4성)

19) 제4성 + 경성 🔊 4-19

조합 형태	발음 요령			
제4성 + 경성	① 제4성을 제1성의 음 높이에서 가장 낮게 내려가면서 짧고 강하게 발음한다. ② 낮게 내려간 제4성의 음 꼬리에서 멈추지 말고, 바로 이어서 경성을 낮게 발음한다.			
연 습	dì·di (弟弟)	xiè·xie (谢谢)	kè·qi (客气)	yì·si (意思)

⚠ 제4성 뒤의 경성은 음 높이가 가장 낮다. 제4성을 가장 낮게 발음하지 않으면 경성의 음 높이가 높아져 어색하게 들린다.

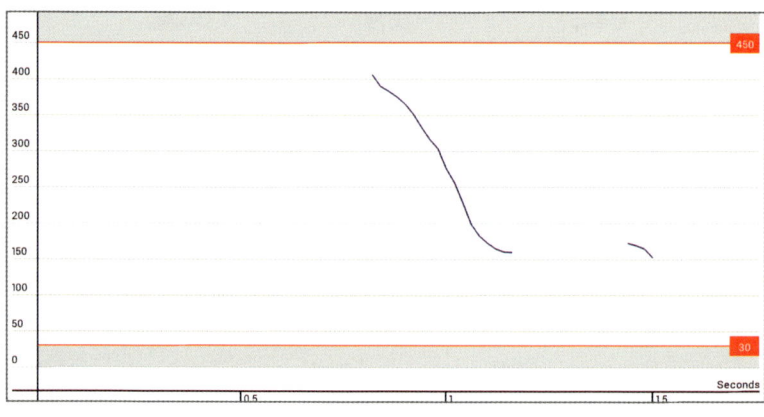

(제4성 + 경성)

MEMO

02 4글자 조합 연습

- 4개의 성조를 한 문장으로 연습하는 종합적인 발음 숙달 연습이다.
- 각각의 성조를 명확하게 발음하면서 부드럽게 연결시키는 게 중요하다.

1) 제2성 + 제1성 + 제4성 + 제3성

- 각 성조의 음 꼬리가 서로 연관되어 있어 부드럽게 연결하여 발음한다. 🔊 5-1

예문	tíxīndiàodǎn (提心吊胆)	mántiānguòhǎi (瞒天过海)	qiángshēnjiàntǐ (强身健体)	lángduōròushǎo (狼多肉少)

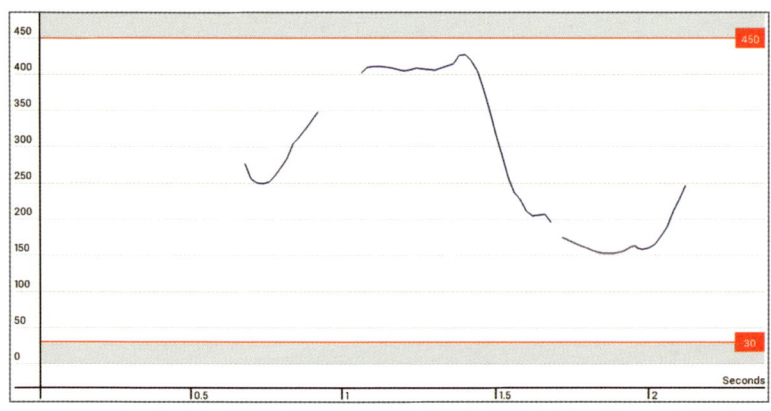

(제2성 + 제1성 + 제4성 + 제3성)

2) 제1성 + 제2성 + 제3성 + 제4성

- 처음에 나오는 제1성의 음 높이를 높고 길게 발음한다. 🔊 5-2

예문	shānmíngshuǐxiù (山明水秀)	zhūrúcǐlèi (诸如此类)	bīngqiángmǎzhuàng (兵强马壮)	shēnmóuyuǎnlǜ (深谋远虑)

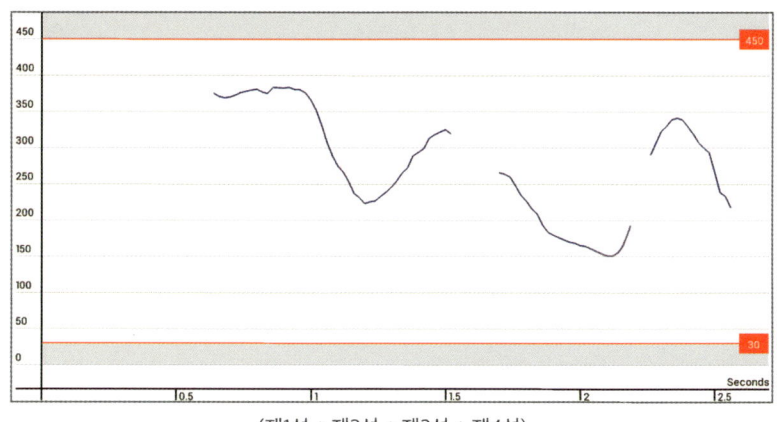

(제1성 + 제2성 + 제3성 + 제4성)

3) 제4성 + 제3성 + 제2성 + 제1성

- 제4성을 낮게 발음해야 제3성 연결이 편하다. 🔊 5-3

예문	nìshuǐxíngzhōu (逆水行舟)	bàoyǔkuángfēng (暴雨狂风)	xìnyǐwéizhēn (信以为真)	xiùshǒupángguān (袖手旁观)

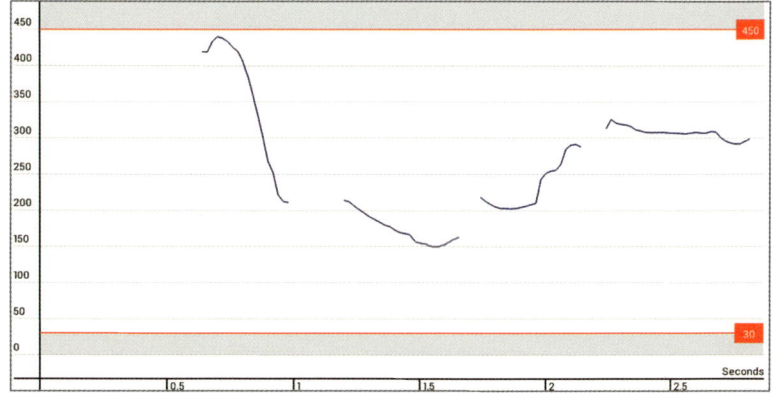

(제4성 + 제3성 + 제2성 + 제1성)

4) 혼합형

- 4개의 성조가 일정한 순서 없이 혼합된 형태 🔊 5-4

zhōngyánnì'ěr (忠言逆耳)	fēngyǔwúzǔ (风雨无阻)	dōngnánxīběi (东南西北)
chéngfēngpòlàng (乘风破浪)	rénmíntuánjié (人民团结)	zhuóyǒuchéngxiào (卓有成效)
yǔzhòngxīncháng (语重心长)	kǔjìngānlái (苦尽甘来)	bǎiliànchénggāng (百炼成钢)
kèfúkùnnán (克服困难)	shùnqízìrán (顺其自然)	chuàngzàoshìjiè (创造世界)

5) 4글자로 구성된 문장

- 실제 회화에서 자주 접하는 문장 🔊 5-5

Wǒchīmiànbāo (我吃面包)	Nǐhēniúnǎi (你喝牛奶)	TāxuéZhōngwén (他学中文)
Wǒyào huíjiā (我要回家)	Tāyěkàn bào (他也看报)	bùtīng yīnyuè (不听音乐)
tiānqìhěn rè (天气很热)	bùhēkāfēi (不喝咖啡)	jǐyuèjǐhào (几月几号)
lǎoshīzài jiā (老师在家)	xiàcìzài lái (下次再来)	duōchuān yī·fu (多穿衣服)
méi·you míngpiàn (没有名片)	xǐ·huan kàn shū (喜欢看书)	Nǐbiékè·qi (你别客气)

MEMO

03 발음 연습 시 주의할 점

1) 혀끝의 움직임을 잘 구분한다.

혀끝의 움직임은 눈으로 볼 수는 없지만, 입 안의 느낌으로 감지할 수 있다. 몇몇 음들은 혀끝이 어디에 붙느냐에 따라 소리가 명확히 구분되기 때문에 발음 부위를 잘 지켜야 한다. zh, ch, sh, r 과 z, c, s 그리고 x 와 s 는 혀끝의 위치가 명확한 차이를 만들어 낸다.

2) 거울로 입술 모양을 확인한다.

거울은 모음을 연습할 때 효과적이다. 몇몇 모음들은 입술을 옆으로 벌리거나, 앞으로 둥글게 모으는 동작이 중요하다. 거울을 보며 자신의 입술 모양을 잘 유지하면서 연습하면 정확한 음을 익힐 수 있다.

청각 장애인들이 상대방의 입 모양을 보고 무슨 말인지를 알아듣는 것처럼 입술 모양은 정확한 음을 내는 데 필수적이다.

3) 손동작과 Voice Analyst를 활용한다.

눈으로 손동작을 주시하며 연습하면 음이 올라가거나 내려가는 음의 높낮이 변화를 느낄 수 있어 제2성과 제4성을 어렵지 않게 익힐 수 있다.

유창한 회화는 성조 간의 자연스러운 연결에서 출발한다. Voice Analyst는 각 성조를 부드럽게 연결하여 발음할 수 있도록 도와준다. 본 교재의 중국인 성조 샘플을 참고하여 근사치에 가깝도록 발음한다.

4) 큰 소리로 천천히 연습하자.

언어는 '입으로 익히는 기술'이라고 한다. 지금까지 해본 적 없는 생소한 기술을 몸에 배이고 숙달되게 하려면 많은 연습이 필요하다. 큰 소리로 반복해야만 우리 몸이 중국어 소리에 적응하고, 구강 근육들도 중국어 발음에 점차 익숙해진다. 운동 선수가 같은 동작을 수백, 수천 번씩 반복하듯이 중국어 발음도 자신의 입에 완전히 녹아들어 머리가 아닌 몸이 먼저 반응하는 단계로 만들어야 한다.

5) 한글로 '토' 달지 말자.

가끔 초보 학습자의 중국어 교재를 보면 한어병음 밑에 한글로 중국어 발음을 깨알 같이 적어 놓은 걸 볼 수 있다. 중국어 발음 체계가 완성되지 않은 상태에서 낯선 음을 기억하고 연습하기 위해 한글로 적어 놓은 것이다. 처음에는 반짝 도움이 될 수도 있다. 하지만 한글로 적어 놓은 대로 연습을 한다면 그것은 '우리말 연습'이지 결코 중국어 연습이 아니다. 게다가 성조는 우리말로 제대로 표기할 수도 없다.

결국 이런 나쁜 습관이 입에 배어 유창한 중국어를 구사하지 못하는 원인 중 하나로 작용한다. 또한 나중에 잘못된 발음을 고치기 위해 불필요하게 시간과 정력을 허비하는 악순환의 단초를 제공한다.

6) 주의 깊게 듣자.

사람들이 외국어 처음 익힐 때 '해당 외국어 소리'를 '시각적인 부호(문자 혹은 발음 부호)'와 함께 연습한다. 이 때 시각적인 부호의 선입견이 자칫 잘못된 발음을 유도하기도 한다. 특히 로마자는 오랜 영어 학습의 영향으로 우리에게 비교적 친숙한 편이다. 바로 이런 점 때문에 로마자로 이루어진 한어병음을 영어식으로 부정확하게 발음하는 경우가 종종 있다.

정확하게 발음하기 위해서는 먼저 주의 깊게 듣는 것이 중요하다. 여러 번 반복해서 들으면 해당 음의 특징과 차이점을 느끼게 된다.

중국어 학습의 올바른 첫걸음이 본인의 평생 중국어를 좌우한다.

한자의 뿌리

한자가 정확히 언제 어떻게 만들어졌는지 현재까지 확실히 증명된 것은 없다. 학계에서는 중국 서안(西安)에서 동쪽으로 약 6km 정도 떨어진 '반파(半坡)' 유적지에서 발견된 도자기에 새겨진 여러 가지 기호(도문-陶文)를 한자의 뿌리라고 여긴다. 이것은 문자라기보다는 일종의 간단한 기호들인데 가로, 세로, 빗금 또는 서로 교차된 모양으로 약 22종의 유형이 있다. 반파 유적의 추정 연대는 B.C 4800~B.C 4300년인데 약 6천 년도 더 되는 것으로 이 기호가 중국 고대 문자의 조상 격인 셈이다.

반파 도문

반파 유적의 도문이 일종의 기호로서 의미를 갖지만, 이것을 이용한 문장이 없다는 점에서 확실하게 글자라고 인정받지 못 했다. 이런 점에서 청나라 말에 발견된 갑골문자(甲骨文字)를 최초의 한자라고 보는 견해가 많다. 갑골문이란 거북의 껍질이나 소, 말 등의 짐승 뼈에 날카로운 물건으로 글자를 새긴 것으로, 중국 고대 왕조인 '은(殷 B.C 1300~B.C 1000년)' 나라에서 전쟁, 농사, 날씨 및 국가적인 중대사를 위해 점을 치거나 국정 전반에 관한 일들을 기록하는 데 쓰인 문자이다.

갑골문자는 민간에서 한약재로 오해하여 잘게 빻아 달여 먹었다는 에피소드가 전해질만큼 우연한 계기로 발견되었다고 전해진다. 그 후 많은 학자들의 연구와 노력으로 갑골문의 역사적 가치를 높이고, 그 때까지도 전설로만 알려졌던 여러 일들이 사실로 증명되었다.

청나라 말기인 광서(光緖) 25년(1899년), 금석학자인 왕의영(王懿榮)은 약재를 사기 위해 들

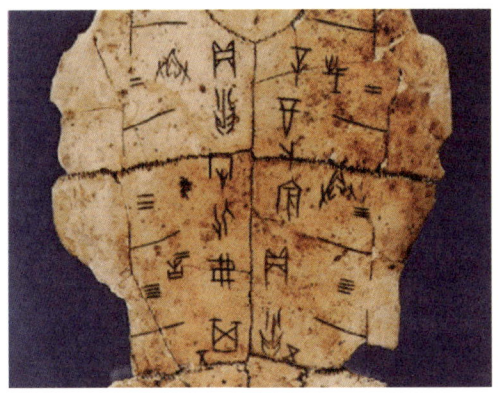

갑골문자

른 한약방에서 용골(龙骨)이라는 뼈 조각을 보게 되었다. 그는 뼈 조각에 새겨진 여러 모양을 보고, 이것이 지금까지 알려지지 않은 고대 문자라고 여겼다. 그리하여 그는 한약방과 골동상인에게서 대량으로 갑골문자를 수집하였다.

왕의영과 함께 갑골문을 수집하고 연구하던 고대 문자 연구가인 '유악(刘鹗)'은 왕의영이 죽고 난 후, 그동안 수집한 갑골문을 모아 '철운장귀(铁云藏龟)'라는 책을 썼다. 광서 29년(1903년)이 나온 이 책은 수집한 갑골문자 중에서 비교적 모양이 뚜렷한 1,058점을 모아 탁본한 것으로 갑골문을 세상에 소개한 최초의 도서로서 의미가 크다. 이 책으로 갑골문자는 한약방의 진귀한 약재에서 학문의 대상으로 탈바꿈하게 되는 계기가 되었다.

하지만 갑골문의 학문적인 가치를 확립한 사람은 나진옥(罗振玉)이다. 그 역시 전국 각지에서 갑골문자를 수집하였고, 갑골문자를 내용에 따라 8종류로 분류하는 등 학문의 기초를 다졌다. 또한 나진옥은 그 당시에도 잘 알려지지 않았던 갑골문자의 출토지를 명확하게 밝혀냈다. 갑골문자를 파내어 돈을 벌던 골동상인들은 여기저기서 경쟁적으로 갑

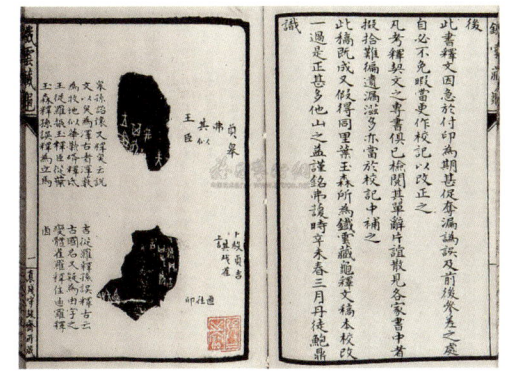

철운장귀

골문자를 수집한다는 소문이 돌자 '영업 비밀'을 이유로 갑골문자의 출토지에 대해 함구하거나 거짓말로 일관하였다. 이런 상황에서 나진옥은 주변의 도움으로 갑골문자의 출토지가 '안양현(安阳县)'의 '소둔(小屯)'이라고 정확하게 밝혀냈다. 이것은 그동안 전설로만 알려지던 중국 고대 왕조인 '은(殷)'나라의 실체를 증명하는 매우 중요한 의미를 가지고 있다.

이런 나진옥의 학문적 기초 위에 갑골문자의 가치와 연구 성과를 한 단계 높인 사람이 '왕국유(王国维)'이다. 그는 오랜 세월 땅 속에 묻혀있던 갑골문자를 한 글자씩 해독하는 게 대부분이었던 당시의 연구 성과를 넘어 실제 은대(殷代)의 역사를 복원하고 증명할 수 있는 자료로 만들었다. 특히 사마천(司马迁)이 쓴 사기(史记)의 '은본기(殷本纪)'가 대부분 사실이었다는 것을 갑골문자의 해독을 통해 증명하였다.

그 후 많은 학자들의 연구로 약 3천 년 전에 사용된 갑골문자가 대부분 해독되었다. 갑골문자의 글자 종류는 약 4,500종으로 알려져 있고, 그 중 2,000여 글자가 해독되었다. 이 외 해독되지 않은 글자는 대부분 당시의 지명 혹은 인명 등을 표시한 고유 명사로서 현재는 사용하지 않는 것이라고 한다.

이런 고고학적 발굴의 성과와 달리 한자 탄생에 관한 전설도 있다. 옛날 제왕(帝王)시대에 기록을 맡았던 '창힐(仓颉)'이라는 관리가 새나 짐승의 발자국에서 힌트를 얻어 한자를 발명했다고 전해진다. 창힐은 보통 사람들보다 관찰력이 매우 뛰어나 눈이 4개라고 전해지는 데, 실제로 후대에 발견된 화상석과 그의 초상화에는 눈이 4개로 그려져 있다. 아울러 창힐이 한자를 발명하였을 때 하늘의 신이 그 위대한 발명에 감동하여 하늘에서 곡식을 뿌렸다는 등 갖가지 신비한 현상이 일어났다고 옛 문헌에 기록되어 있다.

창힐 초상화

중국어
발음&클리닉

제3장
클리닉

사람의 귀는 세상의 모든 종류의 외국어를 원형 그대로 들을 수 있다. 하지만 그 외국어를 들리는 그대로 자신의 입으로 정확히 표현하기란 결코 쉬운 일이 아니다. 사람은 생소한 외국어를 처음 접할 때 '이 음은 모국어의 어느 음과 비슷하다'라고 판단하고 유사한 모국어 음으로 기억한다. 그래서 정확한 외국어의 음보다는 모국어의 유사한 음으로 해당 외국어를 흉내 내듯 발음한다. 이미 오랜 세월에 걸쳐 형성된 발음 기관이 모국어의 발음 체계를 벗어난 새로운 음에 대해서는 적응력이 떨어지기 때문이다.

중국어의 발음과 우리말을 비교해 보면, 비슷한 면도 있지만 분명한 차이도 존재한다. 외국어 학습에서 모국어의 간섭을 배제할 수 없지만, 문제는 중국어를 우리말식 발음 습관으로 적당히 발음하는 데 있다.

클리닉은 자음 편, 모음 편, 성조 편으로 나누어 앞에서 언급하지 않았거나, 부가 설명이 필요한 부분을 중심으로 다루었다. 또한 중국어 발음을 조금 더 심층적으로 이해하고, 유창한 회화를 할 수 있도록 일부 연습을 첨가하였다.

01 자음 편

01 ▶ f 를 제대로 발음하지 못하는 이유

영어 학습으로 우리에게도 익숙한 f 음을 p 처럼 잘못 발음하는 학습자들이 있다. f 의 발음 요령은 잘 알고 있으면서도 여전히 f 를 정확히 발음하지 못 하는 이유를 알아본다.

1) 원인 및 교정

① 발음 부위는 맞지만, 발음 방법이 잘못 되었다.
- p 처럼 한 번에 내뱉듯 발음하기 때문에 정확한 f 음을 발음하지 못 한다.

② 윗니로 아랫입술을 가볍게 물고, 입 안의 공기(气流)가 입술의 양쪽 옆 좁은 공간으로 빠져 나오듯 천천히 길게 발음한다.

2) f 와 p 의 비교

한어병음	성질	발음 부위	발음 특징 및 차이점
p	파열음	두 입술	① 위, 아래 입술을 다물고 있다가, 입을 벌리며 순간적으로 입 안의 공기(气流)를 한 번에 내뱉듯 발음한다. ② 손바닥을 입 앞에 대고 발음해 보면 순식간에 터져 나오는 강한 입김을 손바닥으로 느낄 수 있다. ③ p 는 순간적으로 터져 나오는 음이기 때문에 음을 길게 늘여서 발음할 수 없다.

f	마찰음	윗니, 아랫입술	① 윗니로 아랫입술을 물고 있다가, 입 안의 공기가 입술의 양쪽 옆의 좁은 공간으로 빠져 나오듯 발음한다. ② 손바닥을 입 앞에 대고 발음해 보면 공기가 좁은 공간으로 빠져 나오기 때문에 손바닥에 전달되는 느낌은 p 만큼 강렬하지 않다. ③ f 는 마찰음이기 때문에 얼마든지 음을 길게 늘여서 발음 할 수 있다.

(f 발음 모습)

3) 비교 연습 🔊 6 - 1

한어 병음	예문				
f - p	fāpàng (发胖)	fānpiān (翻篇)	fāpiào (发票)	fèipǐn (废品)	fēnpèi (分配)
p - f	piānfāng (偏方)	pēnfā (喷发)	píngfán (平凡)	pífū (皮肤)	pèi·fu (佩服)

* 거울을 보며 윗니로 아랫입술을 물고 있는지 확인하고, 발음할 때 손바닥을 입 앞에 대보자. p 와 f 를 번갈아 발음해 보며 손바닥에 전달되는 느낌으로 두 음의 차이를 느껴보자.
* 처음에는 성조 없이 p 와 f 의 발음 구분에 중점을 두고 연습한다. 발음을 구분할 수 있으면 성조와 함께 연습한다.

02 x 를 s 로 잘못 발음한다.

일부 학습자들 중 j, q 와 z, c 는 잘 구분하면서도, 유독 x 와 s 만 구분을 못 하는 경우가 종종 있다. 두 음의 특징을 비교하고 차이점을 알아본다.

1) 원인 및 교정

① 혀끝을 윗니 뒤편(혹은 윗니와 아랫니 사이)에 붙여서 발음하기 때문에 두 음을 구분하지 못한다.

② 개인의 언어 습관과 연관이 있지만, 영어 등 다른 외국어의 영향으로 이처럼 발음한다고 한다.
  - 영어의 c 혹은 th 의 발음 습관 때문에 이런 오류가 나타나는 걸로 알려져 있다.

③ x 와 s 는 발음 부위만 정확히 지키면 쉽게 구분할 수 있다.
  - x 는 발음할 때 혀끝이 입 안 어디에도 붙지 않는다. 특히 윗니 뒤편에 붙지 않도록 주의한다.

2) x 와 s 의 발음 특징 비교

한어병음	성질	발음 부위	발음 특징 및 차이점
x	마찰음	혓바닥	① 폐에서 나온 공기(气流)가 혓바닥을 스치며 발음되는 음이다. ② 혀끝이 입 안 어디에도 붙지 않는다.
s		혀끝, 윗니	① 혀끝을 윗니 뒤편(혹은 윗니와 아랫니 사이)에 붙였다 떼면서 발음하는 음이다. ② x 와 s 는 동일한 모음으로 결합되어 발음되지 않는다. (아래 표 참고)

(x 발음부위)　　　　　　　　　　　　(s 발음부위)

3) x 와 s 의 모음 결합 비교

모음		j q x	z c s	표기 규칙 설명
a		X	○	동일한 모음과 결합되어 발음되지 않는다.
e		X	○	
i	[i - 이]	○	X	i 가 공통으로 결합되는 것처럼 보이지만, 실제 발음은 다르다. 단지 i 로 동일하게 표기할 뿐이다.
	[- 으]	X	○	
u	u	X	○	j, q, x 는 u 와 결합되지 않기 때문에, ü 와 결합될 때 u 로 표기해도 혼돈되지 않는다.
	ü	○	X	

* i 로 동일하게 표기하는 이유는 115쪽 참고

4) 비교 연습　　　　　　　　　　　　　　　　　　　　　　🔊 6 - 2

한어병음	예문				
x	xīrén (昔人)	xīyǒu (稀有)	xǔyuàn (许愿)	xiǎngyīn (响音)	bùxiǎo (不小)
s	sīrén (私人)	sīyǒu (私有)	sùyuàn (宿愿)	sǎngyīn (嗓音)	bùsǎo (不扫)

* 혀끝의 움직임에 초점을 맞춰 천천히 연습한다.

03 중국어 자음은 '된소리'와 '예사소리(약한 소리)'로 구분되지 않는다.

우리말의 일부 자음은 '된소리'와 '예사소리'로 구분되는데, ㄱ/ㄲ, ㄷ/ㄸ, ㅂ/ㅃ, ㅅ/ㅆ, ㅈ/ㅉ 등이다. 어떤 학습자들은 중국어의 몇몇 자음들도 성조와 결합되어 발음될 때, 우리말처럼 '된소리'와 '예사소리'로 구분된다고 여긴다. 실제로 이런 발음 구분은 중국인에게는 무의미하다.

문제는 일부 학습자들이 제3성과 제4성을 음의 높낮이 변화가 아니라 '소리의 강약(된소리와 예사소리)'으로 구분한다는 데 있다.

1) 원인 및 교정

① 우리말식 발음 습관의 영향으로 중국어 자음을 '된소리'와 '예사소리'로 구분하여 발음한다.

② 성조가 음의 높낮이 변화라는 개념을 제대로 이해하지 못 하고 있다.

③ 제3성과 제4성의 특징을 잘 이해하고 연습한다.

2) 제3성, 제4성의 우리말 발음 비교

자음	한어병음	제3성		제4성	
		예문	우리말 예사소리	예문	우리말 된소리
쌍순음	ba	bǎ(把)	바	bà(爸)	빠
설첨음	da	dǎ(打)	다	dà(大)	따
설근음	ga	gǔ(古)	구	gù(故)	꾸
설면음	ji	jǐ(几)	지	jì(记)	찌
설치음	zi	zǐ(子)	즈	zì(字)	쯔
	si	sǐ(死)	스	sì(四)	쓰

① '음의 길이(音长)'와 '성대(声带)의 울림'과 관련이 있다.
- 제4성은 다른 성조에 비해 음의 길이가 가장 짧고 강하게 발음된다. 발음할 때 '성대(声带)'의 울림이 빨라지고 입 안의 발음 근육도 매우 짧은 시간에 순간적으로 움직인다. 이로 요인으로 우리말의 '된소리'처럼 강하게 발음된다.
- 제3성은 낮은 음이 길게 지속되는 소리로서 음의 길이가 가장 길다. 제4성과 비교하면 '성대(声带)'의 울림이 빠르지 않다. 또한 입 안의 발음 근육도 상대적으로 느슨하고 길게 발음된다. 이런 특징 때문에 우리말의 '예사소리'처럼 발음된다.
- 동일한 자음이 성조에 따라 두 개의 음으로 구분되는 것은 절대 아니다. 우리말은 '된소리'와 '예사소리'를 구분하지만 중국어는 이런 구분이 없다.

② 성조는 '소리의 강약'으로 구분하는 게 아니다.
- 일부 학습자들이 제3성은 '약하고 긴 소리'로, 제4성은 '강하고 짧은 소리'로 구분하는데, 이는 성조의 핵심인 '음의 높낮이'를 제대로 구분하지 못 해서 생겨난다.
- '소리의 강약, 음의 길이'가 제3성과 제4성의 차이점 중 하나이지만, 가장 중요한 '음의 높낮이 변화'를 잘 구분해서 발음해야 한다.

3) 중국어 자음은 조금 강하게 발음하는 편이 좋다.
① 중국어 발음을 귀로 듣고 익히는 학습자 입장에서는 위와 같은 변화가 혼돈될 수도 있다. '된소리와 예사소리'를 엄격하게 구분하는 우리말의 우수한 능력이 오히려 중국어 발음을 익히는 데 장애물로 작용한다니 아이러니하다.
② 중국어 자음은 성조의 특징을 고려할 때 조금 강하게 발음하는 편이 좋다.

04 권설음은 혀를 말아서 발음할 수 없다

> 많은 학습자들이 권설음(卷舌音)을 '혀를 말아서 발음'하는 까다로운 음으로 인식하며 발음에 어려움을 느낀다. 하지만 사람은 '혀를 말아서' 발음하지 못 한다. 혀의 길이가 일반적으로 10cm 남짓한 데 이걸 말아서 발음한다는 것은 불가능에 가깝다. 우리말에는 없는 생소한 권설음이 '혀를 말아서 발음한다'라는 비현실적인 설명까지 더해져 학습자에게 어려움을 가중시킨다.

1) 원인 및 교정
① '혀를 말아서 발음한다'라는 설명을 제대로 이해하지 못해 효과적인 연습을 할 수 없었다.
② 우리말의 'ㄹ'을 이용하여 발음 부위를 익히면 어렵지 않게 권설음을 발음할 수 있다.
③ 여러 모음으로 권설음을 연습하면서 혀끝의 움직임을 익힌다.

(상세한 연습 방법은 25쪽 참고)

2) 권설음은 '혀끝을 세워서' 발음한다.
① 설첨후음(舌尖后音 - 혀끝 세운 소리)
  - 중국의 음성학에서는 권설음을 '설첨후음'이라는 명칭으로 설명한다. 입 안에서 혀끝을 살짝 들어 올려 입천장 앞쪽에 붙였다 떼면서 발음하는 음이다.
② 발음 부위를 제대로 알 수 없다.
  - '혀를 말아서(卷舌)'라는 설명으로 인해 혀끝의 발음 부위를 정확히 인지하지 못하게 되고, 효과적인 연습을 할 수 없었다.

3) 부정확한 권설음은 '설치음(z, c, s)'와의 구분을 어렵게 한다.

① 발음 부위가 명확히 구분되지 않는다.
- 설치음은 혀끝이 윗니 뒤편에 붙었다 떼면서 발음된다. 하지만 권설음을 발음할 때 혀끝이 윗잇몸에 위치하면서 설치음과 구분이 모호해진다.

② 권설음과 설치음의 발음 부위 차이

명칭	권설음	설치음
	zh ch sh r	z c s
발음 부위	혀끝 + 입천장 앞쪽 딱딱한 부분	혀끝 + 윗니 뒤편 (혹은 윗잇몸)

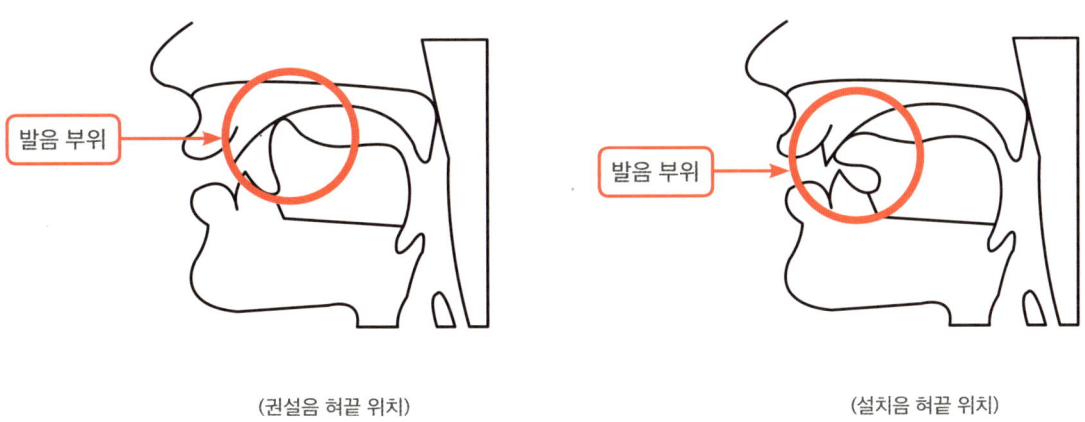

(권설음 혀끝 위치)　　　　　　　　(설치음 혀끝 위치)

⚠️ 위의 그림처럼 혀끝의 발음 부위는 권설음과 설치음을 구분하는 중요한 요소이다.

4) 권설음과 설치음의 비교 연습 🔊 6-3

한어병음	예문		
zh	zhǔlì (主力)	duǎnzhàn (短站)	zhāo le (招了)
z	zǔlì (阻力)	duǎnzàn (短暂)	zāo le (糟了)

한어병음	예문		
ch	yǒu chì (有翅)	xìng Chén (姓陈)	yìchéng (一成)
c	yǒu cì (有刺)	xìng Cén (姓岑)	yìcéng (一层)

한어병음	예문		
sh	shīrén (诗人)	bùshǎo (不少)	shāngyè (商业)
s	sīrén (私人)	bùsǎo (不扫)	sāngyè (桑叶)

⚠️ 권설음과 설치음은 조금 강하게 발음되는 특징을 가지고 있다. 연습할 때 우리말식으로 '된소리'가 나도록 조금 강하게 발음하는 게 좋다.

MEMO

02 모음 편

01 ▶ e 를 정확하게 발음하지 못 하는 원인 및 발음 변화

> e는 우리말에 없는 모음으로 학습자들이 많이 틀리는 모음 중 하나이다. 대부분 우리말 습관으로 '어'라고 발음하는 걸 많이 볼 수 있다. 어떤 학습자들은 e 를 우리말의 '아' 와 '어'의 중간 음에 해당된다는 모호한 설명만 듣고 '중간 음'을 내려고 애쓴다.
> 또한 e 는 여러 음으로 발음되기도 하는데, e 의 특징에 대해 알아본다.

1) 원인 및 교정

① e의 발음 특징을 제대로 이해하지 못 하고 있다.

② 먼저 o를 발음한 후, 입 안의 혀는 움직이지 않고 입술만 옆으로 살짝 벌려 발음한다. 이 때 입술을 옆으로 너무 많이 벌리면 안 된다.

③ 거울을 보며 입술 모양에 초점을 맞춰 연습한다. (상세한 연습 방법은 31쪽 참조)

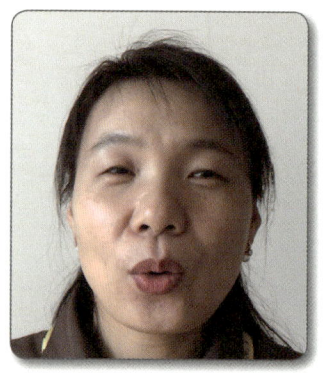 

(모음 o를 이용한 연습 방법)

2) e 는 복합 모음이 아니다.

① 일부 학습자들은 '으~어'라고 두 개의 모음(복합모음)으로 발음하기도 한다.
- 중국인의 발음에서도 '으~어'라고 하는 걸 들을 수 있다. 이것은 e 의 특징으로 발음이 끝난 후, 입 안 뒤쪽으로 이동한 혀가 제자리(입 안의 중앙 부분 - ə위치)로 되돌아가는 과정에서 '~어'음이 약하게 섞이는 자연스러운 현상이다. 하지만 이 부분을 일부러 과장하여 '으~어'라고 두 개의 모음으로 발음하지 않는다.

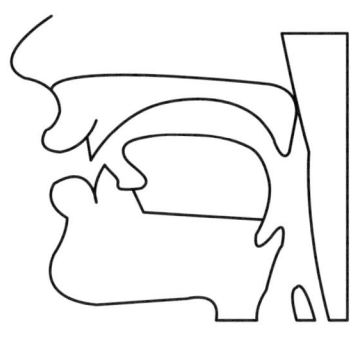

(입 안 중앙 부분-ə)

3) e 가 에[ə] 로 발음되기도 한다.

① 단모음으로 사용될 때 에[ə]라는 발음하는 경우
- 대부분 e 가 경성(轻声)으로 발음될 때인데, 조사 的 (de), 地 (de), 得 (de), 了 (le)가 대표적이다.
- 경성으로 발음되면 성대(声带)의 울림이 원래보다 줄어들고, 입 안 발음 기관의 근육도 상대적으로 느슨해진다. 이런 요인으로 혀가 e 의 특징대로 입 안 뒤쪽으로 충분히 이동하지 않고, 입 안의 가운데 부분에 위치하여 에[ə]라고 발음된다.

② 두 번째 글자가 경성인 '哥哥 (gēge)'를 발음해 보면, 첫 번째 글자의 e 와 두 번째 글자의 e 의 음이 약간 다른 걸 알 수 있다. 이것이 바로 경성으로 인한 발음 변화로서 e 가 '에[ə]'라고 발음되는 경우이다.

4) e 의 발음 변화

	한어병음	실제 발음	예문
단모음	e	[ɤ]	gē(哥)　kě(可)　zhè(这)
	e(경성)	[ə]	chīzhe(吃着)　láile(来了)　wǒde(我的)
복합모음	ei	[æ]	bēi(杯)　gěi(给)　lèi(累)
	ie	[i]	jiē(接)　xiè(谢)　liè(列)
	üe	[ü]	jué(觉)　xué(学)　yuè(月)
	en	[n]	běn(本)　hěn(很)　mén(门)
	eng	[ə]	děng(等)　zhèng(正)　chéng(成)

⚠️ 위의 표처럼 한 개의 한어병음이 모음의 결합 형태에 따라 여러 발음으로 나눠지는 것에 주의한다.

MEMO

02 ▶ **i 는 결합되는 자음에 따라 세 가지로 발음된다.**

> i 는 결합되는 자음에 따라 발음이 조금씩 달라지는데, z, c, s (설치음) 과 zh, ch, sh, r (권설음) 와 결합될 때는 우리말 '으' 정도로 발음된다. 이들을 제외한 다른 자음과 결합될 경우에는 [i - 이]라고 발음된다. 이처럼 발음이 다른 데도 동일한 모음 i 로 표기하는 이유를 알아본다.

1) i 의 발음은 모두 세 가지

① 쌍순음(b, p, m), 설첨음(d, t, n, l), 설면음(j, q, x)와 결합되어 발음될 경우에는 [i - 이]로 발음된다.

② z, c, s 와 결합되어 발음될 경우에는 혀끝 모음(舌尖前元音) [ɿ - 으]로 발음된다.

③ zh, ch, sh, r 과 결합되어 발음될 경우에는 혀끝 세운 모음(舌尖后元音) [ʅ - 으]로 발음된다.

자음		한어병음	실제 발음	예문
쌍순음	b p m	+i	[i - 이]	bǐ(比) pí(皮) mǐ(米)
설첨음	d t n l			dì(地) tǐ(体) nǐ(你) lì(力)
설면음	j q x			jī(机) qī(七) xī(西)
설치음	z c s		[ɿ - 으]	zì(字) cí(词) sì(四)
권설음	zh ch sh r		[ʅ - 으]	zhī(知) chī(吃) shí(十) rì(日)

⚠ [ɿ], [ʅ]는 비슷한 소리 특징을 가지고 있으나, '혀끝 모음'과 '혀끝 세운 모음'으로 구분한다. 반면 우리말로 정확히 표기할 수 없어 '으'로 동일하게 표기하였다.

④ [ɿ], [ʅ]의 발음 비교

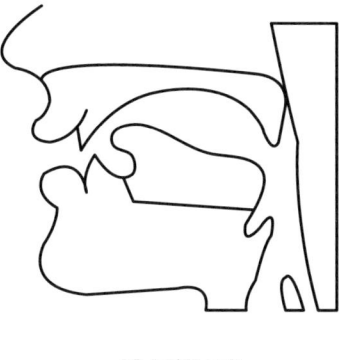

[ɿ] 혀끝 모음

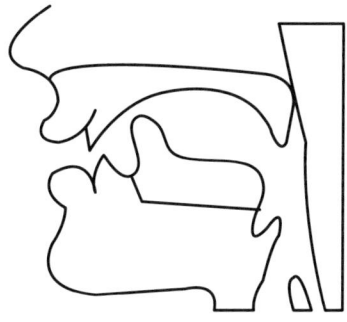

[ʅ] 혀끝 세운모음

- 이 두 모음은 우리말 [으] 정도로 발음되며, 실제 모음 [i - 이]하고는 차이가 있다. 하지만 중국어에서 이 두 모음이 자음 없이 단독으로 발음되는 경우가 없기 때문에 굳이 구분하지 않는다.

2) 각기 다른 음을 동일한 모음 [i]으로 표기하는 이유

① [ɿ], [ʅ]는 발음 성질이 [i]와 비슷한 면이 있다. 또한 이들은 설치음과 권설음 외 다른 자음과는 결합되지 않는 특징이 있어 [i]로 동일하게 표기해도 혼돈되지 않는다.

② 결합되는 자음에 따라 모음을 각각 표기할 경우 사용해야 할 모음의 수가 많아지는 데, 이를 방지하고 사용의 편의를 위해 i로 일률적으로 표기한다.

③ 과거 민간 예술에서 사용되는 '十三轍(압운의 13가지)'에서도 [ɿ], [ʅ]를 [i]와 동일한 모음으로 간주하는 역사, 문화적인 측면도 고려하였다.

03 ou는 '어우[əu]'라고 발음한다.

ou 를 굳이 우리말로 표기한다면 '어우[əu]'인데, 일부 학습자들은 '오우'라고 부정확하게 발음하는 경우가 있다. 예를 들어, 都 (dōu), 头 (tóu), 口 (kǒu)를 떠우, 터우, 커우라고 발음하지 않고, 또우, 토우, 코우라고 발음한다. 이것은 한어병음을 제대로 이해하지 못해서 생기는 문제점이다.

1) 원인 및 교정
① 한어병음을 우리말식 발음 습관으로 발음한다.
② 중국인의 정확한 발음을 주의 깊게 듣지 않는다.
③ 입술을 동글게 모으고 턱을 약간 밑으로 내리며 '어우[əu]'라고 발음한다.

2) 한어병음은 중국어에 특화된 발음 표기이다.
① 중국어 모음 [o]는 우리말 '오' 와는 다르다.
  - 우리말 '오' 보다 입 안에서 혀의 위치가 높고 조금 더 뒤쪽으로 이동해서 발음한다. 이런 특징을 무시하고 우리말처럼 '오'라고 발음하기 때문에 이런 문제점이 나타난다.
  - 중국 음성학에서 ou 를 [əu]라고 표기하고 설명한다. 이 때 [ə] 음이 약간 뒤로 이동한다는 설명을 덧붙인다.
  - ou 는 우리말식으로 '어우'라고만 하면 문제가 없는 발음이다.
② 익숙함이 오류를 유발한다.
  - 로마자는 중국어의 발음을 표기하기 위한 부호로서 차용되었을 뿐 영어 발음과는 상관이 없다. 하지만 영어를 오랫동안 접해 온 우리나라 학습자들은 로마자를 보면 반사적으로 영어 발음(엄밀히 말하면 한국식 영어 발음)을 먼저 입에 올린다.

- 로마자에 대한 친숙함이 종종 중국어 발음을 부정확하게 만들기도 한다. 처음 접하는 생소한 발음도 이미 알고 있는 소리라고 인식되어 학습자 입장에서는 편하게 느껴진다.
③ 먼저 유심히 들어보자.
- 익숙한 소리가 아닌 처음 배우는 중국어로서 먼저 유심히 들어보자. 외국어는 잘 구분해서 말하는 것 못지않게 잘 듣고 구분하는 것도 중요하다.
- 한어병음은 중국어를 익히는 첫걸음이자 도구이다. 하지만 첫걸음부터 어긋나면서 진도를 나아갈수록 나쁜 발음 습관만 쌓인다. 중국어 발음에 대해 올바른 이해와 함께 정확한 소리를 익히는 게 중요하다.

3) ou 발음 연습

6 - 4

한어병음	발음	연 습			
ou	[u]	zhōuwéi (周围)	liùgǒu (遛狗)	kǒutóu (口头)	shǒuhòu (守候)
		hòulái (后来)	zǒulù (走路)	zhékòu (折扣)	shòuròu (瘦肉)

* 중국인의 발음을 자세히 듣고 정확한 음으로 연습한다.

04 음절을 구분하는 y, w, y 와 격음부호(隔音符号)

> 1955년에 설립된 '병음방안위원회(拼音方案委员会)'는 다년간의 연구와 많은 논의를 거쳐 지금의 한어병음을 제정하였고, 여러 표기 원칙을 세웠다. 그 중 y, w, y 와 격음부호(隔音符号)에 관해 알아본다.

1) i, u, ü 를 yi, wu, yu 로 표기하는 목적

① 음절과 음절 사이를 구분한다.

- i, u, ü가 단독으로 음절을 형성하거나, 자음 없이 음절의 첫 머리에 나올 경우 y, w, yu 로 표기한다. 이것은 각 음절을 명확하게 구분하기 위함이다.

예문	i, u, ü로 표기할 경우	의미와 발음의 혼돈을 방지
héyán (河沿)	heian	heian으로 표기하면 hēiàn (黑暗)으로 오해할 수 있다.
zhùyì(注意)	zhui	zhui로 표기하면 zhuī(追)로 오해할 수 있다.
dānwù(耽误)	danu	danu로 표기하면 dànù(大怒)로 오해할 수 있다.
yányǔ(言语)	yanü	yanü로 표기하면 yānǚ(哑女)로 오해할 수 있다.

- 위의 표처럼 두 번째 글자의 한어병음이 자음 없이 모음이 먼저 나오는 경우에는 앞 음절과 뒤 음절의 경계가 모호하여 다른 글자로 혼돈할 수 있다.
- y, w, yu 로 표기하여 음절 간의 경계를 명확히 하면 발음과 의미의 혼돈을 피할 수 있다.

2) y, w, yu 를 사용한 이유

① y, w 는 자음이지만 모음의 성질도 일부 가지고 있어 음성학에서는 '반모음'으로 통용된다. 또한 이들의 발음 특징도 i, u 와 비슷하여 음절의 첫 머리로 사용하기에 적합하다.

② ü 는 유사한 발음 특징을 가진 다른 글자로 대체하기 어려웠다. 이로 인해 위의 두 점을 생략하고 앞에 y 를 붙여 yu 로 표기한다.

3) 음절을 구분하는 '격음부호(隔音符号)'

① 발음의 혼란을 방지한다.
- 자음 없이 a, e, o, er 로 시작되는 음절이 다른 음절과 이어질 때 음절과 음절을 구분하기 어려운 경우가 종종 발생한다.
- 한어병음의 각 음절 사이에 ' '를 붙여 구분하는 데, 이를 '격음부호' 라고 한다.

예문	격음부호가 없을 경우	발음과 글자의 혼돈
xī'ān (西安)	xian	先 (xiān)으로 오해할 수 있다.
pí'ǎo (皮袄)	piao	朴 (piáo)로 오해할 수 있다.
qǐ'é (企鹅)	qie	切 (qiè)로 오해할 수 있다.
fāng'àn (方案)	fangan	反感 (fǎngǎn)으로 오해할 수 있다.

② '격음부호'는 음절과 음절 사이를 구분하여 의미와 발음의 혼돈을 피하는 목적으로 사용한다. 한어병음을 표기할 때 각별히 주의한다.

05 ▶ iou, uei, uen의 한어병음 표기와 실제 발음

> iou, uei, uen 이 자음과 결합될 때 가운데 모음(중심 모음)을 생략하고 표기한다. 예를 들어 ; niú (牛), guì (贵), lùn (论) 등이다. 하지만 이렇게 중심 모음을 생략하는 표기법이 종종 실제 발음과 차이를 보이는 경우가 있어 혼돈을 준다.
>
> 중심 모음을 생략하고 표기하는 이유는 iou, uei, uen 이 특정 상황에서 중심 모음이 생략되어 발음되거나, 생략되지 않고 발음되는 경우가 있기 때문이다. 이런 발음의 변화를 고려하여 표기 원칙을 제정하다보니 표기의 통일성을 정하기가 어려웠다.

1) iou, uei, uen 의 발음 변화

① 자음과 성조에 따라 발음이 달라진다.

- iou 는 자음과 결합하여 제1성, 제2성으로 발음될 때 중심 모음 o 가 생략된다.

  예를 들어 ; xiū (休), liú (留) 등이다.

  하지만 제3성, 제4성으로 발음될 경우에는 중심 모음이 생략되지 않는다.

  예를 들어 ; xiǒu (朽), liòu (六) 등이다.

- uei , uen 은 설첨음(d, t, n, l), 설치음(z, c, s), 권설음(zh, ch, sh, r)과 결합되어 제1성, 제2성으로 발음될 때는 중심 모음 e 가 생략된다.

  하지만 제3성, 제4성과 결합되어 발음될 때는 생략되지 않는다.

  예를 들어 ; cuěn (忖), tuèi (退) 등이다.

- uei 는 설근음(g, k, h)과 결합될 때 성조와 상관 없이 모두 중심 모음이 명확하게 발음된다.

  예를 들어 ; kuēi (亏), huéi (回), huěi (毁), guèi (贵) 등이다.

② 上去不变, 阴阳变, 舌根不变, 舌尖变

- 위의 변화 조건을 간략하게 표현한 것으로, iou, uei, uen 은 제3성과 제4성으로 발음할 때는 중심 모음이 발음되지만, 제1성과 제2성으로 발음될 경우에는 중심 모음이 생략된다. 설근음은 성조와 관계 없이 중심 모음이 발음되지만, 혀끝 자음(설첨음, 설치음, 권설음)은 결합되는 성조에 따라 생략된다.

⚠️ iou, uei, uen 은 지역에 따라 중심 모음이 생략되지 않고 약하게 발음(弱化)되는 등, 위의 발음 변화 조건에 대해 논란이 있다.

③ 일률적으로 중심 모음을 생략하는 표기 원칙을 제정하였다.
- 위의 경우처럼 iou, uei, uen 이 결합되는 일부 자음과 성조에 따라 발음에 변화가 생기는 데, 이런 상황에 맞춰 표기를 각각 따로 한다면 매우 혼란스러워진다. 이런 이유로 한어병음을 제정할 당시에 표기의 통일성과 편리함을 위해 일률적으로 중심 모음을 생략하는 표기 원칙을 세웠다.
- 성조 표기는 중심 모음이 생략되어 두 번째 모음 위에 하고, un 은 모음 위에 한다.

2) 중심 모음을 명확히 발음하자.

① 정확한 음을 듣고 익히자.
- 이런 부분들까지 학습자들이 주의를 기울여 연습하기란 결코 쉬운 일이 아니다. 문제는 학습자들이 한어병음만 보고 '중심 모음'을 모두 생략한 채 발음하는 데 있다. 중심 모음을 빼고 발음한다고 틀렸다고 단언할 순 없지만, 중심 모음을 명확히 발음해야 되는 경우도 많으니 주의해야 한다.
- 弱化(음이 약하게 발음되는 현상)되는 경우도 많다.
실제 중국인들의 발음을 들어보면 생략되는 경우 보다 '약화(弱化)'되는 경우도 많은 걸 알 수 있다.
이 때문에 iou, uei, uen 를 연습할 때 가운데 중심 모음을 명확히 발음하는 편이 정확한 음을 익히는 데 도움이 된다.

03

성조 편

01 성조는 '음의 길이'도 중요하다.

교육학자들은 성조가 없는 언어에 익숙한 우리나라 사람들에게 '성조'는 중국어 학습의 최대 걸림돌이라고 한다. 생소한 음의 높낮이 변화를 능숙하게 구사하는 게 생각만큼 쉽지 않기 때문이다. 학습자들이 처음 성조를 익힐 때 많이 듣는 설명 중 하나가 '도, 미, 솔'이다. 제1성은 '솔'정도의 높이로 발음하고, 제2성은 '미'에서 '솔'로 올라가고…… 등등, 음악적 개념에 비유하여 성조를 알기 쉽게 설명한다.

이 때 이어지는 설명이 성조의 '직선, 곡선'이다. 제1성은 직선으로 발음하고, 제3성은 요런 곡선 모양으로 발음되고……성조의 '직선, 곡선'은 어떤 의미를 가지고 있는지 알아본다.

1) 성조의 '직선, 곡선'은 '음의 길이'와 관련이 있다.

① 성조표의 '직선, 곡선'은 음의 높낮이별로 출발점과 도착점을 실선으로 표시한 것인데, 이것이 '음의 길이'와 관련이 있다. 각 성조별로 음의 길이가 다소 차이가 나는 데, 이것을 도표로 나타내면 아래와 같다.

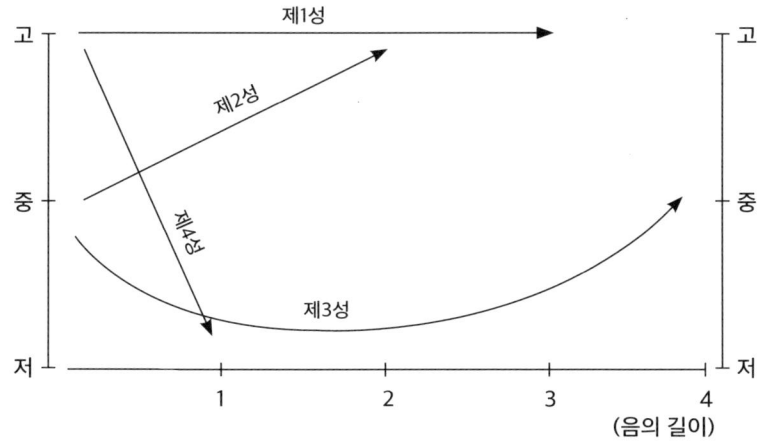

* 표의 세로축은 '음의 높이'를 나타내며, 가로축을 '음의 길이'를 표시한다.

② 위의 표에서 알 수 있듯이 각 성조별로 음의 길이가 다르다. 제3성이 음의 길이가 가장 길며, 그 다음으로 제1성, 제2성, 제4성 순으로 음의 길이가 짧아진다.

2) 정확한 성조는 '음의 길이'에서 출발한다.
① 음의 길이의 중요성
- 성조의 핵심이 음의 높낮이 변화라면, '음의 길이'는 음의 높낮이 변화를 가능하게 하는 필수 요소이다.

  각 성조별로 적절한 음의 길이를 유지해야 각 성조의 음의 높낮이도 명확하게 구분할 수 있다.
- 만약 4개 성조를 모두 짧은 음의 길이로 발음한다면 제2성과 제4성은 수월하게 발음할 수 있지만, 높은 음이 길게 유지되는 제1성과 낮은 음이 길게 발음되는 제3성을 정확하게 발음하기 어렵다. 음의 길이가 짧아 음의 높낮이 변화를 일정하게 유지할 수 없기 때문이다.
- 반대로 음의 길이를 길게 해서 발음한다면 짧고 강한 소리를 내는 제4성은 발음하기가 어렵다.

- 성조가 부정확한 학습자들은 대부분 짧은 음의 길이로 모든 성조를 발음하는 공통점이 있다. 이로 인해 제1성을 높고 길게 발음하지 못 한다. 제1성은 다른 성조의 음 높이를 결정하는 중요한 성조인데, 제1성이 부정확하여 다른 성조들도 나쁜 영향을 받는다.

② 각 성조별로 적절한 음의 길이로 연습한다.
- 각 중국어 교재에서 제1성은 높고 길게, 제2성은 재빨리 올라가고, 제3성은 낮고 길게, 제4성은 짧게 내려가고 등등, 이렇게 각 성조의 특징을 언급한 이유는 각 성조별로 '음의 높이와 길이의 변화'를 함축적으로 설명하기 위해서이다.
- 각 성조의 특징을 대변하는 '직선, 곡선' 모양은 음의 길이만 제대로 유지하면 굳이 연습하지 않아도 자연스럽게 형성된다.

3) 손가락 개수로 음의 길이를 연습한다.

'음의 길이'는 말을 빨리 하거나 느리게 하는 등, 개인의 언어 습관과 밀접한 관련이 있어 획일적인 기준을 정할 순 없다. 중요한 것은 본인이 의식적으로 각 성조별로 음의 길이를 조절하면서 연습한다. 연습할 때 각 성조별로 손가락 개수를 접어가면 음의 길이를 체크하는 것도 좋은 방법이다.

성조	음의 높이와 길이	손가락 개수
제1성	높은 음이 음 높이의 변화 없이 길고 일정하게 유지되는 음	☝✌🖖
제2성	중간 음에서 높은 음으로 재빨리 올라가는 음	☝✌
제3성	중간 음에서 가장 낮은 음을 거쳐 중간 음으로 올라가며 길게 발음되는 음	☝✌🖖🖐
제4성	높은 음에서 가장 낮은 음으로 짧고 빠르게 내려가는 음	☝

MEMO

02 제1성은 다른 성조의 음 높이를 결정하는 기준이다.

> 제1성은 다른 성조의 음 높이에 영향을 주는 중요한 성조이다. 제1성이 충분히 높지 않고 낮게 발음되면, 제1성보다 낮은 음을 내야하는 제3성, 제4성을 정확히 발음하기 어렵다. 기준이 되는 제1성이 부정확하기 때문에 다른 성조들도 영향을 받는다. 제1성을 높고 길게 발음해야 하는 이유를 알아본다.

1) 제1성을 높게 발음해야 하는 이유

① 음이 내려올 공간(음역대)을 확보한다.
- 노래를 한다고 가정해 보자. 처음 시작 음을 낮게 설정해서 부르면 그 후의 높은 음은 쉽게 올라갈 수 있지만 시작 음보다 낮은 음은 제대로 내기가 어렵다. 반대로 시작 음을 높게 잡아서 부르면 그것보다 낮은 음은 쉽게 낼 수가 있다.
- 노래를 성조에 비유하면, 시작 음은 제1성에 해당된다. 제1성이 낮으면 올라가는 제2성은 무리 없이 발음할 수 있지만, 제1성보다 낮은 음을 내야하는 제3성, 제4성은 발음하기 어렵다. 제1성이 높지 않아 낮은 음으로 내려올 '공간(음역대)'이 확보되질 않아 음이 내려갈 수가 없다.

② 부정확한 제1성이 또 다른 오류를 만들어 낸다.
- 부정확한 제1성 때문에 제3성은 '작은 소리로 길게', 제4성은 '큰 소리로 짧게' 발음한다. 결국 성조를 음의 높낮이 변화가 아닌 '소리의 강약 차이'로 구분하는 잘못을 저지른다.
- 제1성이 높지 않아 제3성이 낮게 내려가지 못하면, 제3성의 낮은 음은 짧고 음 꼬리만 지나치게 높여서 발음한다. 결국 제2성과 구분이 모호해지는 문제점도 발생한다.

2) 자신에게 적당한 제1성의 음 높이를 찾자.

① 제2성으로 제1성의 음 높이를 설정한다.
- 사람들마다 낼 수 있는 음 높이(음역대)가 모두 다르기 때문에 본인에게 적당한 제1성

의 음 높이를 찾는 게 중요하다.
- 제1성의 음 높이만큼 올라가는 제2성으로 본인에게 맞는 제1성의 음 높이를 찾을 수 있게 연습 방법을 제시하였다. (제2성 + 제1성 연습 방법 52쪽 참조)

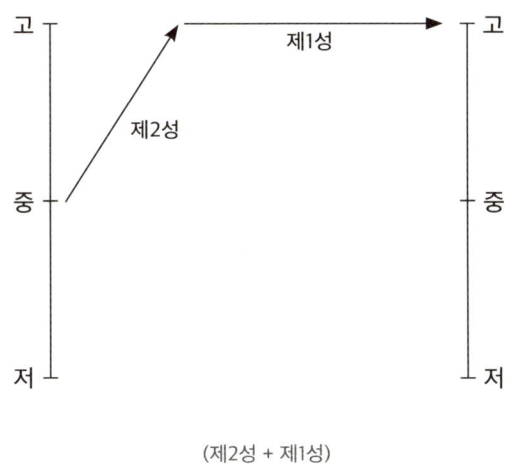

(제2성 + 제1성)

② 제1성을 발음할 때 주의할 점
- 제2성을 발음한 후 올라간 최고 음 높이에서 음을 내려서 발음하면 안 된다.
- 제1성은 길게 발음해야 한다. 제1성을 짧게 발음하면 제4성처럼 들리거나 '경성'과 구분이 모호해진다.

🔊 6 - 5

성조 조합	예문			
제2성 + 제1성	máoyī (毛衣)	Chángjiāng (长江)	yuányīn (原因)	Nánjīng (南京)

03 ▶ 제3성이 제2성과 구분이 안 된다.

> 두 개의 성조가 구분되지 않는 주요 원인은 제3성을 제2성처럼 발음하기 때문이다. 이 성조들은 모두 음 꼬리가 올라가는 공통점이 있다. 제3성의 음 꼬리를 너무 높이 올려서 마치 제2성처럼 발음하기 때문에 구분이 모호해진다. 제3성의 발음 특징을 알아본다.

1) 제3성을 제대로 발음하지 못 하는 이유

　① 성조 도표의 오해

　　- 제3성은 낮은 음이 길게 유지되다가 음 꼬리가 자연스럽게 올라가는 특징이 있다. 하지만 제3성이 부정확한 학습자는 대부분 낮은 음은 짧게 발음하고, 음 꼬리만 지나치게 올려서 발음하여 제2성과 구분을 어렵게 만든다. 이런 원인은 제3성을 제대로 이해하지 못 하는 데 있다.

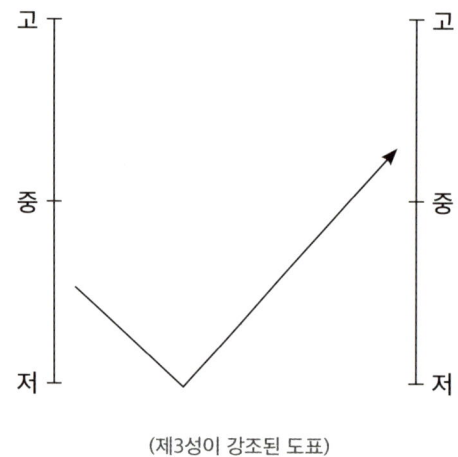

(제3성이 강조된 도표)

　　- 위의 도표는 흔히 볼 수 있는 성조표로서 제3성의 낮은 음 부분은 매우 짧고, 올라가는 음 꼬리는 직선으로 가파르게 표시하고 있다. 도표대로라면 낮은 음은 매우 짧게 발음되면서 곧바로 높은 음으로 빠르게 올라가야 한다. 결국 올라가는 음 꼬리만 지

나치게 강조한다고 오해할 수 있다. 하지만 이것은 제3성을 효율적으로 설명하기 위한 것으로 성조 도표가 잘못 되었다고 질책할 수 없다.
- 학습자들이 제3성의 올라가는 음 꼬리를 잘못 이해하여 제2성처럼 지나치게 높여서 발음하는 게 주요 원인이다.

② 제3성의 음 꼬리는 왜 올라가는 것일까?
- 음의 높낮이 변화는 인체의 '성대(声带)'의 울림과 연관이 있다. 낮은 음을 내면서 긴장된 '성대(声带)'가 일정 시간이 지나 이완되면 본래의 음 높이로 되돌아가는 자연스러운 현상이 나타난다.
- 제3성의 음 꼬리도 이런 현상 때문에 중간 음 정도로 올라가는데, 일부러 음 꼬리를 높여서 발음하는 게 아니다.
- 제3성은 음의 길이가 가장 긴 성조이다. 낮은 음을 길고 늘어지듯 발음하면서 음 꼬리의 소리를 점점 작게 줄이면 자연스럽게 음 꼬리가 올라간다.

2) 제2성과 제3성의 비교 연습

① 제3성은 낮은 음이 핵심이라면, 제2성은 음이 올라가는 상승이 특징이다. 이런 특징을 잘 이해하고 제3성과 제2성을 연습한다.
② 제3성을 낮고 길게 늘어지듯 발음하고, 음 꼬리에서 소리를 점점 작게 줄인다. 일부러 높게 올려서 발음하지 않는다.
③ 제3성은 음의 길이가 가장 길다, 연습할 때 손가락 개수를 접어가며 낮은 음을 길게 발음한다.(124쪽 참고)

🔊 6-6

성조 조합	예문			
제2성 + 제3성	nánběi (南北)	ménkǒu (门口)	píjiǔ (啤酒)	qínggǎn (情感)

04 ▶ 半3성은 따로 연습할 필요가 없다.

> 半3성은 제3성이 다른 성조와 이어져 발음될 때 나타나는 현상으로 음의 길이가 가장 긴 제3성의 주요 특징이다. 半3성은 제3성을 정확하게 발음하면 굳이 따로 연습할 필요가 없지만, 일부 학습자들이 半3성에 대해 어려움을 느낀다. 정확한 半3성에 대해 알아본다.

1) 半3성이란 무엇인가?

① 半3성이란 제3성의 낮고 길게 발음하는 부분만 남고, 올라가는 음 꼬리는 이어지는 뒤 성조의 영향으로 소멸되는 걸 말한다. 제3성이 다른 성조와 연결될 때 발음의 편의를 위해 나타나는 자연스러운 현상이다. 半3성은 일부러 발음하지 않는 이상 단독으로 나오는 경우는 드물다.

② 중국 음성학계에서 半3성은 제3성의 특징으로 중요하게 다루지만 독립적인 성조로 간주하지 않는다.

2) 半3성을 제대로 발음하지 못하는 이유

① 제3성의 낮은 음은 매우 짧게 발음되고 음 꼬리만 지나치게 올려서 발음한다. 낮은 음을 길게 유지해야 발음할 수 있는 半3성은 제대로 발음할 수가 없다.

② 제3성의 음 꼬리가 소멸되는 게 아니라 제2성처럼 올려서 발음하기 때문에 뒤 성조와 부드럽게 연결이 되질 않는다. 이로 인해 마치 제2성과 연결되어 발음하는 것처럼 들린다.

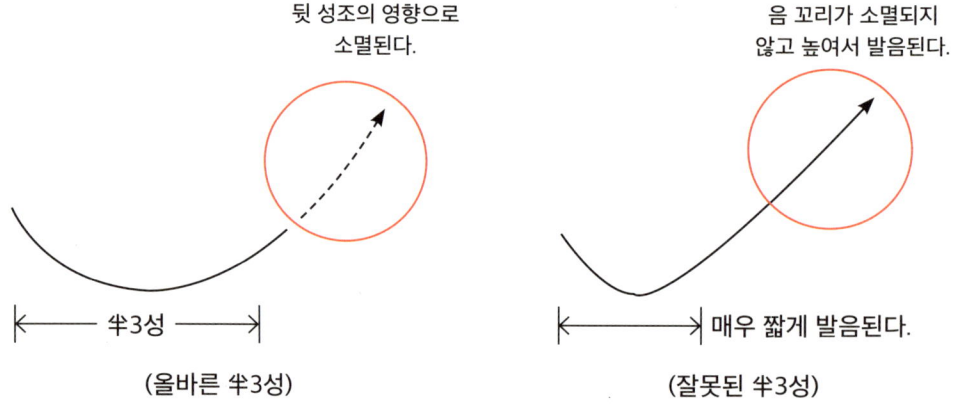

3) 半3성연습

① 제3성의 낮은 부분만 길~~게 발음하고, 올라가는 음 꼬리는 의식적으로 발음하지 않는 것도 효과적이다.

② 제3성 뒤에 연결되는 성조의 음 머리를 살짝 낮춰 제3성의 낮은 음과 매끄럽게 연결되도록 연습한다.

🔊 6 - 7

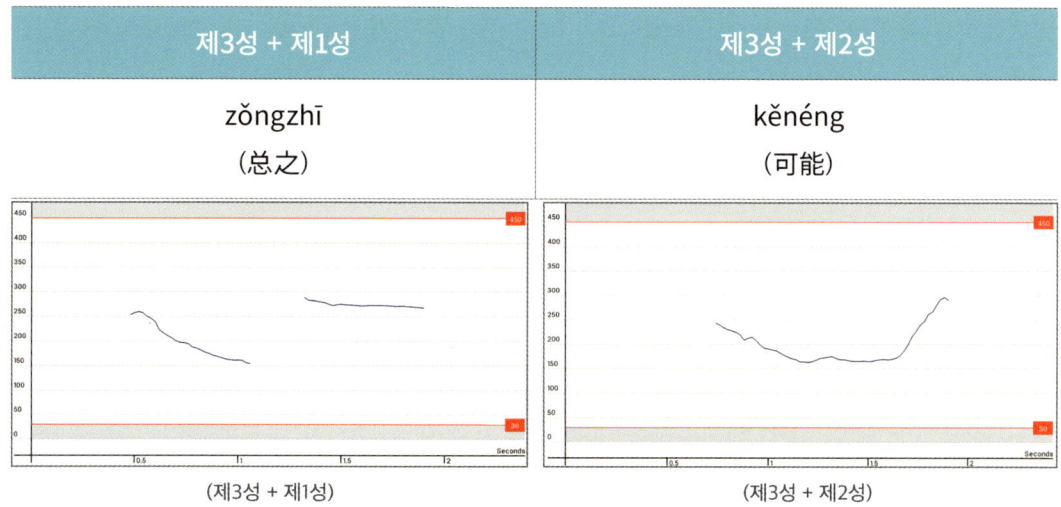

(제3성 + 제1성)   (제3성 + 제2성)

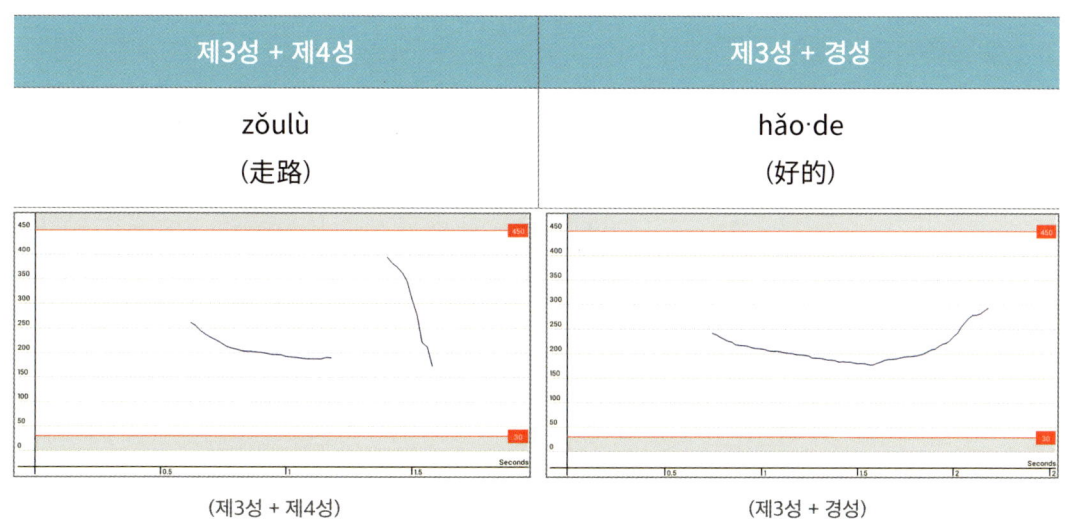

(제3성 + 제4성)   (제3성 + 경성)

중국의 7대 방언(方言)

중국은 광활한 영토만큼 각 지역마다 고유의 방언을 가지고 있다. 중국은 일반적으로 대륙을 가로지르는 '양자강(长江)'을 중심으로 북방 지역과 남방 지역으로 나눈다. 여기에 각 지역들을 세분하여 크게 7개의 방언 구역으로 나누는데 이것을 '중국의 7대 방언'이라고 한다. 각 방언들을 표준어(普通话)와 비교하였을 때, 발음 부분에서 가장 큰 차이를 보인다. 이로 인해 중국 사람들조차 각 지역의 방언을 제대로 알아듣지 못해 난감해 하는 경우가 많다고 한다. 7대 방언을 각 지역별로 간략하게 살펴본다.

1. 북방 방언(北方方言)

북경(北京)어가 중심으로 통용되는 지역이 가장 넓고 한족(汉族)의 약 70% 이상이 사용한다. 중국 정치 문화의 중심인 북경을 포함하여 중국 대륙의 북방 지역과 양자강 이북을 포함하고, 서쪽으로 서남북 일부 지역이 해당된다. 현재 표준어(普通话)의 기초가 되는 중요한 방언으로 다른 지역 방언에 비해 발음이 간단하고 성조가 4개로 가장 적다.

2. 오 방언(吳方言)

소주(苏州)와 상해(上海)어가 중심이다. 강소성(江苏省)과 절강성(浙江省)의 대부분이 해당된다. 현재 중국 경제의 중심인 상해로 인해 이 지역 방언이 주목을 받는데, 북방 방언 다음으로 사용 인구가 많다. 역사적으로는 우리에게 익숙한 삼국지의 '오(吳)나라' 지역으로 양자강 하류의 대표적인 곡창지역이며 성조는 7개이다.

3. 상 방언(湘方言)

호남성(湖南省)의 장사(长沙)어가 중심이다. 호남성의 대부분이 해당된다. '모택동(毛泽东)'의 고향으로 잘 알려진 지역으로 한족의 약 5%가 사용하며 성조는 6개이다.

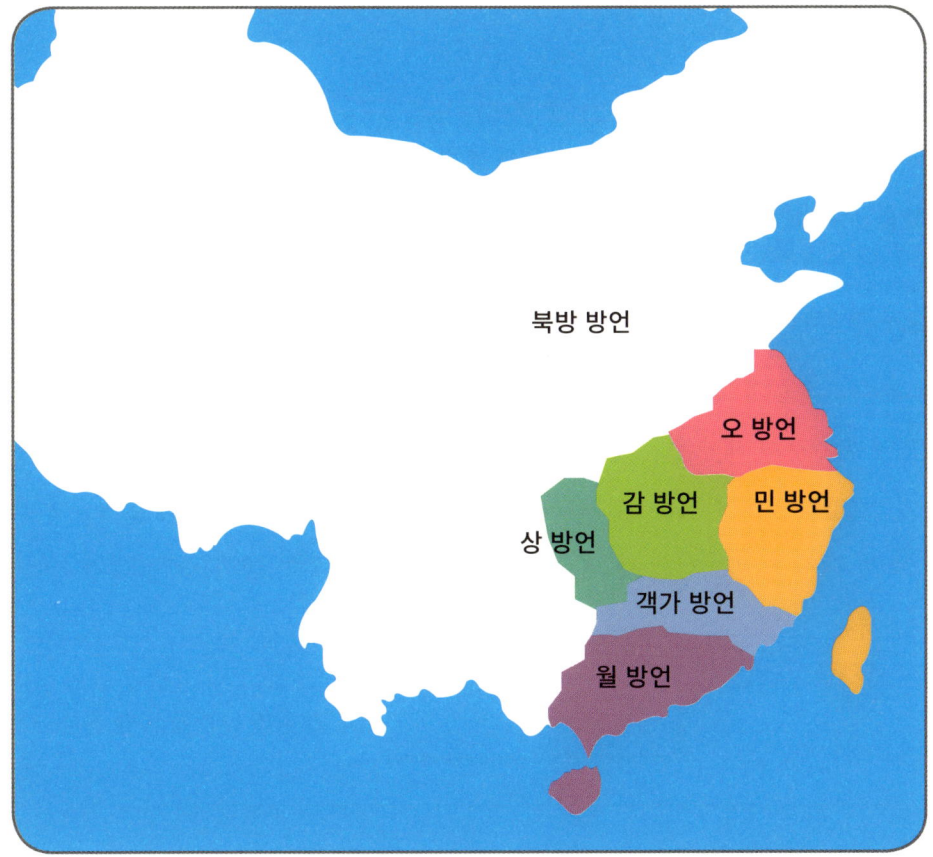

4. 감 방언(贛方言)

　강서성(江西省)의 남창(南昌)어가 중심이다. 양자강과 인접한 동북부 지역을 제외한 강서성 대부분이 해당된다. 한족의 약 3% 정도가 사용하며 성조는 6개이다.

5. 객가 방언(客家方言)

　광동성(广东省)의 매현(梅县)어가 중심이다. 광동성의 동북부, 복건성(福建省) 서부, 강서성의 일부가 해당된다. 본래 중원 지역에 거주하던 객가인들이 전란을 피해 광동성, 복건성, 강서성의 경계 지역에 정착하였다. 이 때부터 다른 지역과 왕래 없이 장기간 독립된 생활을 하며 그들만의 언어를 형성한 것이 지금의 객가 방언이라고 알려져 있다. 성조는 6개이다.

6. 민 방언(闽方言)

　　복건성의 복주(福州)어가 중심이다. 복건성의 대부분과 광동성 동부 및 대만 등이 해당된다. 이 지역은 '闽东, 闽西, 闽南, 闽北'으로 세분하는데, 중국에서도 내부 분화가 가장 복잡한 방언 구역으로 분류된다. 성조는 7개이며, 대만에서 표준어(国语)를 제외하고 가장 많이 사용하는 방언이 '민남어(闽南语)'이다.

7. 월 방언(粤方言)

　　광동성의 광주(广州)어와 홍콩(香港)어가 중심이다. 광동성의 대부분 지역과 광서성 동부, 해남성, 홍콩, 마카오 등이 해당된다. 성조는 9개로서 사용 인구는 전체 한족의 5%에 불과하지만, 중국 개혁개방의 상징인 '심천(深圳)'과 홍콩의 영향으로 사용 인구가 점점 늘어가고 있다. 또한 민 방언, 객가 방언과 함께 전 세계 화교들이 많이 사용하는 방언으로 약 1억 1천만 명 이상이 사용하는 것으로 알려져 있다.

중국어
발음&클리닉

제4장
변조

'변조(变调)'란 이어지는 뒤 글자 성조의 영향으로 앞 글자의 성조가 변하는 현상을 말한다. '제3성, 一 (yī), 不 (bù)' 등이 대표적으로 일상 회화에서 빈번하게 나타나며 변조 규칙도 엄격하게 지켜진다. 주의할 것은 변조가 발생해도 변화된 성조를 표기하지 않고, 본래의 성조를 표기하는 것이 일반적이다. 이 때문에 일부 학습자들은 원래대로 표기된 성조만 보고 변조를 무시한 채 발음하는 경우가 있다. 변조 규칙을 잘 지켜서 발음해야 한다.

여기서는 변조 글자 외 중첩 등, 문법적인 요인으로 성조가 변하는 현상도 함께 다루었다.

* 본 교재는 학습자의 이해를 돕기 위해 변조가 발생할 경우 변화된 성조로 표기하였다.

01 제3성의 변조

제3성이 연이어 발음될 때 앞의 제3성이 제2성으로 바뀐다. 간단한 변화지만 주의해야 될 부분이 있다. 아래의 경우를 잘 살펴보고 정확히 발음한다.

1) 제3성 + 제3성 🔊 7-1

결합 형태	변조	변조 규칙 설명		
제3성 + 제3성	제2성 + 제3성	앞의 제3성은 제2성은 바뀐다.		
연 습	你好 (níhǎo)	洗手 (xíshǒu)	水果 (shuíguǒ)	口语 (kóuyǔ)

2) 제3성 + 경성(본래 제3성이 아닌 경우) 🔊 7-2

결합 형태	변조	변조 규칙 설명		
제3성 + 경성	제3성 + 경성	경성이 본래 제3성이 아닌 경우 변조 규칙에 적용되지 않는다.		
연 습	喜欢 (xǐ·huan)	买卖 (mǎi·mai)	眼睛 (yǎn·jing)	哪个 (nǎ·ge)

3) 제3성 + 경성(본래 제3성인 경우) 🔊 7-3

결합 형태	변조	변조 규칙 설명		
제3성 + 경성	제2성 + 경성	뒤의 제3성이 경성으로 바뀌어도 변조 규칙에 적용된다.		
연 습	想想 (xiáng·xiang)	找找 (zháo·zhao)	小姐 (xiáo·jie)	打扫 (dáo·sao)

⚠️ 위의 결합 형태는 논란의 여지가 있어 주의해야 한다. 예를 들어 '手里(shóu·li), 显摆(xián·bai)'는 두 번째 글자가 본래 제3성이지만 경성으로 발음된다. 제3성이 경성으로 바뀌어도 변조 규칙에 따라 '제2성 + 경성'으로 발음하지만, '제3성 + 경성'으로 발음해도 무방하다. 실제 이렇게 발음하는 중국인들도 있다.

하지만 제3성인 두 번째 글자가 경성으로 바뀌어도 본래의 제3성 특징 때문에 앞 글자에 영향을 준다. 북경(北京) 발음을 기준으로 삼는 표준어는 '제2성 + 경성'으로 발음하므로 주의한다.

4) 제3성 + 子(경성)   🔊 7-4

결합 형태	변조	변조 규칙 설명
제3성 + 子	제3성 + 경성	접미사(词缀)로 쓰이는 '子'는 특별한 의미가 없고, 본래 경성으로 발음되므로 변조 규칙에 적용되지 않는다.
연 습	本子 (běnzi)	剪子 (jiǎnzi) 饺子 (jiǎozi) 嗓子 (sǎngzi)

⚠️ 성별을 구분하거나, 학문과 지위를 갖춘 사람을 존칭하는 '子'는 제3성으로 발음하므로 변조 규칙에 적용된다. 예를 들어, '女子 (nǚzǐ- 여자), 孔子 (Kǒngzǐ- 공자), 老子 (Lǎozǐ- 노자)' 등이다. 참고로 '子'를 경성으로 발음하여 '老子 (lǎo·zi)'라고 하면 '아버지' 혹은 '내가(거만하게 본인을 지칭)'라는 의미로 바뀐다.

5) 가족 명칭(제3성)의 변조

🔊 7-5

결합 형태	변조	변조 규칙 설명		
제3성 + 제3성	제3성 + 경성	가족 명칭은 변조 규칙에 적용되지 않는다.		
연 습	奶奶 (nǎi·nai)	姥姥 (lǎo·lao)	姐姐 (jiě·jie)	嫂嫂 (sǎo·sao)

6) 제3성이 3개 이상 연이어 발음될 경우

이런 경우는 '문법적인 영향, 단어 구성, 의미 전달' 등등 여러 요인으로 변조에 관해 획일적인 규칙을 제시할 수 없다. 가장 단순한 방법은 제3성이 몇 개가 연이어 나오든 마지막 글자만 제3성으로 발음하고 앞의 제3성은 모두 제2성으로 발음한다.

🔊 7-6

결합 형태	변조	변조 규칙 설명
제3성 X 3개	老板好。 (Láobán hǎo)	- 앞의 제3성들은 모두 제2성으로 발음하고, 마지막 글자만 제3성으로 발음한다.
제3성 X 4개	我也很好。 (Wóyéhén hǎo)	
제3성 X 5개	请你往北走。 (Qíng níwáng béi zǒu)	
제3성 X 6개	我也有洗脸水。 (Wóyéyóu xíliánshuǐ)	

MEMO

02 一의 변조

一 (yī)는 뒤에 어떤 성조가 오느냐에 따라 一의 성조가 변한다. 또한 동사의 중첩형 사이에 쓰일 때는 경성으로 발음된다. 一의 변조는 엄격하게 지켜지므로 주의한다.

1) 一 + 제1성, 제2성, 제3성

🔊 7-7

결합 형태	변조 규칙			
一 + 제1성, 제2성, 제3성	一는 제4성으로 발음한다.			
연 습	一天 (yìtiān)	一年 (yìnián)	一起 (yìqǐ)	一衣带水 (yìyīdàishuǐ)

2) 一 + 제4성

🔊 7-8

결합 형태	변조 규칙			
一 + 제4성	一는 제2성으로 발음한다.			
연 습	一共 (yígòng)	一定 (yídìng)	一样 (yíyàng)	一路平安 (yílùpíng'ān)

3) 동사 + 一 + 동사

🔊 7-9

결합 형태	변조 규칙			
동사 + 一 + 동사	一는 경성으로 발음한다.			
연 습	擦一擦 (cā·yi cā)	玩一玩 (wán·yi wán)	想一想 (xiǎng·yi xiǎng)	看一看 (kàn·yi kàn)

4) 一를 본래대로 제1성으로 발음하는 경우

① 一를 단독으로 발음하거나, 문장 끝에 올 경우에는 변조 규칙에 적용되지 않고 본래대로 제1성으로 발음한다.

예를 들어, 星期一 (xīngqīyī), 单一 (dānyī), 统一 (tǒngyī), 万一 (wànyī) 등이다.

② 순서, 숫자, 인명 등을 나타낼 때는 변조 규칙에 따라 발음해도 되지만, 제1성으로 발음해도 무방하다.

예를 들어, 第一课 (dìyīkè), 一百元 (yībǎiyuán), 一楼 (yīlóu), 周一民 (Zhōu Yīmín - 인명) 등이다.

03 不의 변조

不 (bù)는 뒤에 제4성 글자가 이어질 경우 제2성으로 변한다. 또한 문법적인 요인으로 경성으로 발음되기도 한다.

1) 不 + 제1성, 제2성, 제3성 🔊 7 - 10

결합 형태	변조 규칙			
不 + 제1성, 제2성, 제3성	不는 제4성으로 발음된다.			
연 습	不吃 (bùchī)	不来 (bùlái)	不好 (bùhǎo)	不可 (bùkě)

2) 不 + 제4성 🔊 7 - 11

결합 형태	변조 규칙			
不 + 제4성	不는 제2성으로 발음한다.			
연 습	不去 (búqù)	不错 (búcuò)	不谢 (búxiè)	不翼而飞 (búyì'érfēi)

3) 중첩형 사이에 쓰인 경우 不는 경성으로 발음한다. 🔊 7 - 12

결합 형태	변조 규칙		
동사 + 不 + 동사	听不听 (tīng·bu tīng)	买不买 (mǎi·bu mǎi)	看不看 (kàn·bu kàn)
형용사 + 不 + 형용사	冷不冷 (lěng·bu lěng)	热不热 (rè·bu rè)	辣不辣 (là·bu là)
명사 + 不 + 명사	钱不钱 (qián·bu qián)	人不人 (rén·bu rén)	鬼不鬼 (guǐ·bu guǐ)

4) 가능보어의 부정형으로 쓰인 경우

🔊 7 - 13

결합 형태	변조 규칙		
가능보어 부정형	不는 경성으로 발음한다.		
연 습	听不懂 (tīng ·bu dǒng)	吃不下 (chī·bu xià)	来不及 (lái ·bu jí)
	管不着 (guǎn ·bu zháo)	走不动 (zǒu ·bu dòng)	做不完 (zuò·bu wán)

5) 一와 不 뒤에 경성이 올 경우

一와 不 뒤에 이어지는 제4성 글자가 경성으로 바뀌어도 변조 규칙은 그대로 적용된다. 아래의 경우는 회화에서 자주 볼 수 있는 형태로 발음에 주의한다.

🔊 7 - 14

결합 형태	변조 (제2성으로 바뀐다)	예문
一 + 경성	一 (yí) + 경성(본래 제4성)	他是一个中国人。 (Tàshìyí·ge Zhōngguórén)
不 + 경성	不 (bú) + 경성(본래 제4성)	这不是我们的意见。 (Zhèbú·shi wǒ·men ·de yìjiàn)

04 중첩형의 성조 변화

중국어에서 '명사, 동사, 형용사' 등 몇몇 품사는 중첩해서 사용할 수 있다. 이 때 중첩된 글자는 대부분 '경성'으로 발음되지만, 형용사는 중첩 형식에 따라 성조가 바뀐다. 변화되는 규칙을 잘 이해하고 발음한다.

중첩형의 변조 규칙은 '표준어(普通话)'를 기준으로 한 것이지만, 지역에 따라 약간의 차이가 있다. 여기서는 '명사, 동사, 형용사'의 일반적인 단음절과 쌍음절의 중첩형만 다룬다.

1) 명사의 중첩 ; 주로 단음절(한 글자) 명사가 해당된다. 🔊 7 - 15

구분	예문	중첩 형식	변조 규칙
단음절 명사	家 (jiā)	家家 (jiā·jia)	두 번째 글자는 경성으로 발음한다.
	人 (rén)	人人 (rén·ren)	
	天 (tiān)	天天 (tiān·tian)	
	年 (nián)	年年 (nián·nian)	

2) 동사의 중첩

① 단음절 동사

🔊 7 - 16

구분	예문	중첩 형식 (AA)	변조 규칙
단음절 동사 (A)	听 (tīng)	听听 (tīng·ting)	두 번째 글자는 경성으로 발음된다.
	来 (lái)	来来 (lái·lai)	
	写 (xiě)	写写 (xié·xie)	
	看 (kàn)	看看 (kàn·kan)	

⚠️ 写写처럼 제3성으로 발음되는 동사가 중첩되면, 두 번째 글자가 경성으로 바뀌어도 제3성의 변조 규칙에 따라 '제2성 + 경성'으로 발음된다.

② 쌍음절 동사(경성 음절을 포함하는 두 글자 동사)

🔊 7 - 17

구분	예문	중첩 형식 (ABAB)	변조 규칙
쌍음절 동사 (AB)	休息 (xiū·xi)	休息休息 (xiū·xi xiū·xi)	경성을 포함한 쌍음절 동사는 중첩되어도 여전히 경성으로 발음된다.
	商量 (shāng·liang)	商量商量 (shāng·liang shāng·liang)	
	打扫 (dá·sao)	打扫打扫 (dá·sao dá·sao)	
	收拾 (shōu·shi)	收拾收拾 (shōu·shi shōushi)	

⚠️ 打扫는 제3성의 변조 규칙에 따라 '제2성 + 경성'으로 발음된다.

③ 이합사(离合词)   🔊 7-18

구분	예문	중첩 형식 (AAB)	변조 규칙
이합사 (AB)	见面 (jiàn//miàn)	见见面 (jiàn·jianmiàn)	- 이합사는 '동사 + 목적어'로 구성된 형태로서, 중첩 형식은 'AAB'이다. - 중첩되는 두 번째 동사만 경성으로 발음한다.
	帮忙 (bāng//máng)	帮帮忙 (bāng·bangmáng)	
	散步 (sàn//bù)	散散步 (sàn·sanbù)	

3) 형용사의 중첩

① 단음절 형용사   🔊 7-19

구분	예문	중첩 형식 (AA)	변조 규칙
단음절 형용사 (A)	多 (duō)	多多 (duōduō)	- 두 번째 글자는 제1성으로 발음된다. - 두 번째 글자 뒤에 儿을 붙이기도 하는데, 好好儿, 慢慢儿 등이다.
	圆 (yuán)	圆圆 (yuányuān)	
	好 (hǎo)	好好 (háohāo)	
	慢 (màn)	慢慢 (mànmān)	

⚠️ 好好의 첫 번째 글자는 제3성의 변조 규칙에 따라 '제2성'으로 발음한다.

② 쌍음절 형용사　　　　　　　　　　　　　　　🔊 7-20

구분	예문	중첩 형식 (AABB)	변조 규칙
쌍음절 형용사 (AB)	高兴 (gāoxìng)	高高兴兴 (gāo·gao xīngxīng)	- 두 번째 글자는 경성으로, 세 번째, 네 번째 글자는 제1성으로 발음한다. - 세 번째, 네 번째 글자를 본래의 성조대로 발음해도 무방하다.
	明白 (míng·bai)	明明白白 (míng·ming bāibāi)	
	整齐 (zhěngqí)	整整齐齐 (zhéng·zheng qīqī)	
	热闹 (rè·nao)	热热闹闹 (rè·re nāonāo)	

⚠️ 整整은 제3성의 변조 규칙에 따라 '제2성 + 경성'으로 발음된다.

● 이 밖에도 형용사의 또 다른 중첩 형식인 '**ABB**'는 두 번째, 세 번째 글자를 모두 제1성으로 발음하지만, 본래의 성조를 그대로 발음하기도 한다.

예를 들어, **慢腾腾的 (màntēngtēng de), 沉甸甸的 (chéndiāndiān de), 热呼呼的 (rèhūhūde)** 등이다.

중국어
발음 & 클리닉

제5장

기타 발음 변화

"중국 사람들이 말을 빨리 해서 그런가, 성조가 없는 것 같고, 또 발음도 약간 다른 것 같은데?" 이런 느낌을 가져본 학습자들이 있을 것이다. 실제로 일상 생활에서 접하는 중국어는 우리가 교재로 배웠던 중국어와는 약간의 차이가 있다.

중국인의 일상적인 언어 생활에서 흔히 볼 수 있는 발음 변화로는 주로 '경성(轻声)', '탈락(脱落)', '동화(同化)' 등이 있다. 이런 부분들은 중국인들에게 자연스러운 발음 변화로서 마치 우리나라 사람들이 '독립문'을 '동님문'이라고 말해야 자연스럽게 느끼는 것과 같은 이치이다. 하지만 외국인 학습자들에겐 또 다른 어려운 부분이다.

좀 더 유창하고 매끄러운 중국어를 구사하기 위해서는 아래에 소개하는 몇 가지 발음 변화도 염두에 두고 연습한다.

01 ▶ 儿化

> 어떤 학습자들은 "'儿化'는 북경(北京) 사투리이고, 발음하기도 까다로워 안 해도 된다"라
> 는 잘못된 생각을 가지고 있다. 이것은 儿化에 대한 이해가 부족해서 생겨난 편견이다. 중
> 국의 표준어(普通话)는 북경 발음을 표준음(基础音)으로 삼고 북방 방언(北方方言)을 기
> 초로 하여 제정되었다. 북방 지역에서 폭넓게 사용되는 어휘를 중점적으로 표준어에 포함
> 시켰는데, 이 과정에서 儿化도 상당수 포함하였다.
>
> 儿化는 북경에만 존재하는 것이 아니고, 중국 북방지역에서 흔히 접할 수 있는 보편적인
> 발음 현상이다. 다만 북경이 다른 지역에 비해 상대적으로 儿化가 좀 심하고 儿化가 포
> 함된 단어가 많을 뿐이다.
>
> 儿은 문법적으로는 접미사(词缀)에 해당되는데, 여기서는 儿化의 개념과 발음 규칙만 알
> 아본다.

1) 儿化의 개념

① 儿은 제2성으로 발음하는 글자로서 儿童(értóng), 女儿(nǚ'ér)등 일정한 의미를 가지고 있다. 하지만 儿化는 독립적인 글자(혹은 음절)가 아니라 앞 글자의 뒤에 붙는 '접미사(词缀)'로서 의미, 품사, 어감(작고 귀여운 느낌) 등에 변화를 가져온다.

변화	예문	
의미 변화	头 (tóu) - 머리	头儿 (tóur) - 우두머리
	信 (xìn) - 편지	信儿 (xìnr) - 소식
	门 (mén) - 문	门儿 (ménr) - 방법, 비결

품사 변화	画 (huà) - 그림을 그리다 (동사)	画儿 (huàr) - 그림 (명사)
	盖 (gài) - 뚜껑을 덮다 (동사)	盖儿 (gàir) - 뚜껑 (명사)
	亮 (liàng) - 밝다 (형용사)	亮儿 (liàngr) - 등불, 빛 (명사)
어감 변화	小孩儿 (xiǎoháir) - 꼬마, 어린 아이 小猫儿 (xiǎomāor) - (작고 귀여운) 고양이 冰棍儿 (bīnggùnr) - 아이스크림	

② 일부 단어(혹은 글자)는 儿化로 인해 의미, 품사, 어감 등이 변한다. 정확한 의미 전달을 위해 儿化를 상황에 따라 구분해서 사용해야 된다.

2) 儿化의 표기

① 한자는 儿, 한어병음은 r 로 표기한다.
- 玩儿(wánr), 小孩儿(xiǎoháir), 药方儿(yàofāngr) 등으로 글자 뒤에 儿을 붙이거나, 한어병음 뒤에 r 로 표기한다.
- 표기된 한자 혹은 한어병음만 보고 儿을 하나의 독립된 글자(또는 독립된 음절)로 오해하여 儿을 따로 발음하거나, 발음 규칙과 다르게 잘못 발음하는 경우가 있다. 이 부분이 많은 학습자들이 儿化를 어렵게 느끼고 기피하는 주된 이유이다.

3) 儿化의 발음 요령 및 규칙

- 儿化는 두 개의 글자로 쓰여 있지만 실제로는 하나의 음절로 합쳐진 경우이고, 이 과정에서 발음 변화가 일어난다. 儿化가 되면 본래의 성조(제2성) 특징은 잃어버리고, 앞 글자의 성조에 흡수된다.
- 발음 요령은 '권설음'과 유사한 데, 발음이 끝남과 동시에 재빨리 혀끝을 들어 올려 우리말 'ㄹ' 음을 낸다. 이 때 혀끝을 뒤로 많이 이동시켜 과장되게 발음하지 않는다.

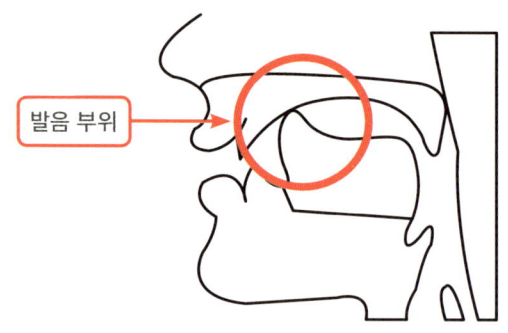

儿化의 발음

① a, o, u, e + r ---> 발음 변화 없이 모음 뒤에 붙어 발음한다.   🔊 8 - 1

한어병음 + 儿(r)			변화된 발음	예문
~ a	a	+ r	[ar]	刀把儿 (dāobǎr) = [bǎr]
	ia			豆芽儿 (dòuyár) = [yár]
	ua			年画儿 (niánhuàr) = [huàr]
~ e (단모음)		+ r	[r]	唱歌儿 (chànggēr) = [gɤ̄r]
~ o	o	+ r	[or]	山坡儿 (shānpōr) = [pōr]
	ao			小刀儿 (xiǎodāor) = [dāor]
	uo			小桌儿 (xiǎozhuōr) = [zhuōr]
	iao			火苗儿 (huǒmiáor) = [miáor]

	한어병음 + 儿(r)		변화된 발음	예문
~u	u	+ r	[ur]	小屋儿 (xiǎowūr) = [wūr]
	ou			土豆儿 (tǔdòur) = [dòur]
	iou			煤球儿 (méiqiúr) = [qiúr]
~e	ie	+ r	[r]	小街儿 (xiǎojiēr) = [jiər]
	üe			月儿 (yuèr) = [üər]

② i, n + r --> i, n 이 탈락하고 남아있는 모음 뒤에 붙어 발음한다. 🔊 8-2

	한어병음 + 儿(r)		변화된 발음	예문
~i	ai	+ r	[ar]	小孩儿 (xiǎoháir) = [hár]
	ei		[r]	晚辈儿 (wǎnbèir) = [bèr]
	uai		[uar]	一块儿 (yíkuàir) = [kuàr]
	ui		[u r]	墨水儿 (mòshuǐr) = [shuǎr]
~n	an	+ r	[ar]	门坎儿 (ménkǎnr) = [kǎr]
	ian		[iar]	书签儿 (shūqiānr) = [qiār]
	uan		[uar]	遛弯儿 (liùwānr) = [wār] 跳远儿 (tiàoyuǎnr) = [üǎr]
	en		[r]	纳闷儿 (nàmènr) = [mèr]
	un		[u r]	没准儿 (méizhǔnr) = [zhuǎr]
	in		[i r]	脚印儿 (jiǎoyìnr) = [ìər]

③ i (단모음), ü + r ---> i 가 단모음일 경우에는 생략되지 않고 i 뒤에 [ər]이 첨가되어 발음된다.

🔊 8-3

한어병음 + 儿(r)			변화된 발음	예문
~i	i	+r	[i r]	针鼻儿 (zhēnbír) = [í ər]
~ü	ü	+r	[ü r]	金鱼儿 (jīnyúr) = [ǘ ər]

④ i (설첨음, 권설음에 붙는 단모음) + r ---> i 가 탈락하고 자음 뒤에 [ər]이 첨가되어 발음된다.

🔊 8-4

한어병음 + 儿(r)			변화된 발음	예문
설첨음	~i	+r	[r]	棋子儿 (qízǐr) = [zǎr] 名词儿 (míngcír) = [cǎr]
권설음	~i			豆汁儿 (dòuzhīr) = [zhār]

⑤ ~ng + r ---> ng가 탈락하고 남아있는 모음 뒤에 붙어 발음되며, 모음에 비음이 약간 섞인다.

🔊 8-5

한어병음 + 儿(r)			변화된 발음	예문
~ng	ang	+r	[ar]	药方儿 (yàofāngr) =[fār]
	ing		[i r]	图钉儿 (túdīngr) = [dīǎr]
	ong		[u r]	胡同儿 (hú·tongr) = [tor]

4) 儿化의 발음 변화에서 일부 모음 혹은 자음이 탈락되는 이유

① 儿은 자신도 모음 [ə]을 가지고 있다. 다른 음절을 만났을 때 일부 모음이 탈락되지 않는다면 발음해야 될 모음의 수가 많아져 불편해진다. 발음의 편의(입 안에서 혀의 움직임을 원활하게)를 위해 일부 모음이 탈락된다.

② 자음이 탈락하지 않으면 중간에 자음이 섞여 마치 두 개의 음절처럼 들려 의미의 혼돈을 가져올 수도 있다.

02 ▶ 경성(轻声) - 유창한 회화를 만들어 주는 윤활유

'경성'이라고 하면 학습자들은 대부분 '약하고 짧게' 발음되는 몇몇 조사와 가족 명칭 일부를 떠올릴 것이다. 그만큼 '경성'의 개념과 역할을 제한적인 존재로 인식하고 있다. 하지만 경성이 '유창한 회화'를 위해서 반드시 익혀야 되는 필수적인 요소라는 점은 간과하고 있다. 단순히 약하고 짧게 발음되는 경성이 회화에서 왜 중요한지 알아본다.

1) 경성이란 무엇인가?

① '경성'은 각 글자마다 가지고 있는 고유의 성조가 여러 가지 원인으로 본래의 성조 특징을 잃어버리고 '약하고 짧게' 발음되는 현상이다. 경성은 기존 성조의 변화로서 일정한 음 높이(调值)가 없으며, 앞 글자의 성조에 따라 음 높이가 결정된다. 따라서 경성을 독립적인 성조로 간주하지 않는다.

② 경성으로 발음되는 경우는 문법적인 특징을 바탕으로 몇 가지로 구분할 수 있다. 일반적으로 몇몇 조사(了, 着, 过, 的, 地, 得, 吗 등), 가족 명칭(爸爸, 妈妈, 姐姐 등), 일부 접미사(~子, ~头, ~巴 등), 중첩형(吃吃, 来来, 看看 등), 습관성 어휘(窗户, 暖和, 唠叨 등) 등이다.

이 외에도 일상 회화에서는 지역적인 영향, 언어 습관, 단어 구성 등의 요인으로 경성으로 발음되는 경우는 훨씬 많다. 게다가 규칙성도 까다로워 일일이 열거하기에는 한계가 있다. 이러한 점을 고려하여 여기서는 경성의 역할, 발음 요령 그리고 일반적인 경성 규칙만을 설명한다.

2) 회화에서 경성의 역할

① 발음을 편안하게 한다.

- 성조는 '성대(声带)'의 울림과 연관이 있는데, 경성으로 발음되면 성대의 울림이 본래보다 줄어든다.

또한 소리의 일부분이 탈락되거나 약해지는 등 자음과 모음에도 영향을 주어 발음 기관의 움직임이 줄어든다. 이로 인해 음의 길이가 본래보다 약간 짧아지고 발음도 편하게 할 수 있다.
- 漂亮 (piào·liang), 明白 (míng·bai), 晚上 (wǎn·shang), 掉下来 (diào·xia·lai) 등등, 예문의 경성 글자를 발음해 보면 본래의 성조대로 발음할 때보다 힘을 덜 들이고 편하게 발음할 수 있음을 느낀다.

② 전체 언어 흐름의 '윤활유' 역할을 한다. 🔊 8-6

경성 음절이 다수 포함된 예문	경성으로 인한 효과
这里的天气很暖和。 (Zhè·li ·de tiān·qi hén nuǎn·huo)	- 문장의 강약 조절 - 유창성 향상 - 문장 전체의 억양을 부드럽게 해준다.
那个东西已经卖完了。 (Nà·ge dōng·xi yǐ·jing mài wán le)	
十个指头咬着都疼。 (Shí·ge zhǐ·tou yǎo·zhe dōu téng)	

- 경성은 '음의 길이'가 본래보다 줄어들어 전체 문장을 발음할 때 속도가 빨라지고 유창성을 높여준다.
- 음의 높낮이 변화가 확연히 드러나는 중국어에서 경성은 딱딱한 느낌의 중국어를 부드럽게 만들어 주는 '윤활유' 같은 역할을 한다.

③ 의미를 구분한다.

같은 글자로 구성된 단어라도 본래 성조대로 발음할 때와 경성으로 발음할 때 의미가 변하는 경우가 있다.

본래 성조대로 발음할 경우	경성으로 발음할 경우
大意 (dàyì) - 대의, 주요 의미	大意 (dà·yi) - 소홀히, 대충하다
老公 (lǎogōng) - 남편	老公 (lǎo·gong) - 환관(내시)
裁缝 (cáiféng) - 재봉하다	裁缝 (cái·feng) - 재봉사
对头 (duìtóu) - 어울리다, 적당하다	对头 (duì·tou) - 상대, 적수
东西 (dōngxī) - 동쪽과 서쪽	东西 (dōng·xi) - 물건

3) 경성의 발음 요령 (58쪽 참고)

① 경성은 각 성조별로 적절한 음 높이를 유지해야 한다.

- 경성은 앞 글자의 성조에 따라 음 높이가 결정되기 때문에 앞 글자의 성조를 정확히 발음하는 게 중요하다.
- 경성을 음 높이의 변화 없이, 단순히 짧게만 발음하면 오히려 더 어색하고 부자연스럽게 들린다.
- 경성을 연습할 때는 앞 글자의 성조를 약간 길게 발음하다가 이어지는 뒤의 경성은 힘을 빼면서 자연스럽게 음의 높낮이를 유지한다.

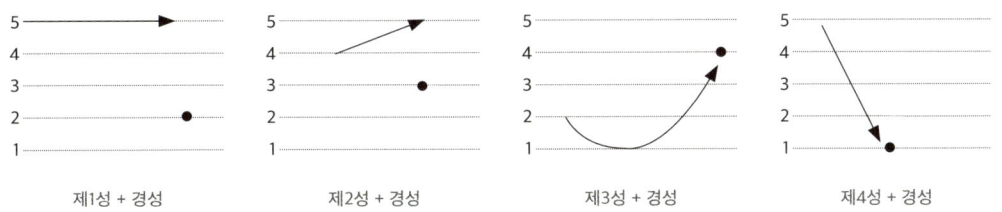

(경성의 음 높이)

4) 경성의 규칙

구분	경성	예문
조사	구조 조사 ; 的, 地, 得	我·的, 慢慢·地, 跑·得很快
	동태 조사 ; 了, 着, 过	买·了, 看·着, 去·过
	어기 조사 ; 吗, 吧, 呢, 啊 등	好·吗, 您来·吧, 他·呢, 怎么样·啊
접미사	각종 접미사(词缀) ; 子, 头, 们, 巴, 么 등	包·子, 馒·头, 我·们, 尾·巴, 多·么
방향사	명사, 대명사 뒤에 붙어 방위를 표시하는 글자 (上, 下, 里, 边, 面 등)	马路·上, 山·下, 屋·里, 左·边, 外·面
방향보어	단순 방향보어 : 来, 去	出·来, 进·来, 回·去, 过·去
	복합 방향보어 : 出来, 起来, 下去, 回来, 过去 등	拿·出·来, 看·起·来, 冷·下·去, 跑·回·来
不	가능보어 부정형의 '不'	听·不懂, 做·不完, 买·不起
	동사, 형용사의 정반의문문 형식 '不'	买·不买, 要·不要, 冷·不冷, 辣·不辣

제5장 기타 발음 변화

一	동사 중첩 형태의 '一'	说·一说, 听·一听, 做·一做, 试·一试
중첩형	가족 명칭	爸·爸, 妈·妈, 姐·姐, 弟·弟
	명사의 중첩 글자	人·人, 天·天, 年·年
	동사의 중첩 글자	听·听, 说·说, 看·看, 坐·坐
일부 양사	회화에서 습관적으로 사용되는 양사 '个'	这·个, 那·个, 哪·个, 几·个
2음절 상용자	일상적인 사용하는 2음절(두 글자) 단어의 두 번째 글자	眉·毛, 云·彩, 护·士, 事·情, 脑·袋, 消息, 招·呼, 清·楚, 便·宜, 丈·夫, 行·李, 钥匙, 厉·害, 力·量, 窗·户

● 위의 분류는 문법적인 특성을 바탕으로 경성으로 발음되는 경우이다. 이 밖에도 경성으로 읽혀지는 글자 혹은 어휘는 상당히 많다. 특히 2음절 상용자는 본 교재에서 일일이 열거할 수 없을 정도로 매우 많다. 이런 이유로 사전 찾기 혹은 중국인과의 교류를 통해 하나씩 익혀가는 것 외에는 뾰족한 방법이 없는 것 또한 사실이다.

먼저 경성의 역할과 특징을 잘 이해하고, 하나씩 하나씩 연습하며 익힌다.

MEMO

03 | 탈락(脫落) 및 동화(同化) 현상

탈락과 동화 현상들은 인접된 글자끼리 서로 영향을 주고받으며 발음에 일정한 변화를 준다. 우리말처럼 받침소리가 탈락되거나, 다른 소리로 변하는 것으로 생각하면 쉽다. 중국어는 받침소리가 적고, 각 음절 간의 소리 경계가 명확한 편으로 발음 변화 현상이 상대적으로 적은 편이다.

사실 글자들을 하나하나 또박또박 발음한다면 위의 발음 변화는 발생하지 않겠지만, 약간 딱딱하고 부자연스러운 느낌을 준다. 마치 우리말의 받침 글자를 발음 변화 없이 명확하게 발음한다면 오히려 어색하게 들리는 것과 같은 느낌일 것이다.

1) 탈락 현상

① 음절의 일부가 탈락되어 자음만 남거나, 두 개의 음절이 하나로 합쳐져 발음되는 현상을 말한다.

② 말하는 속도와 밀접한 관련이 있는 데, 대부분 이어지는 뒤 글자가 경성일 경우에 많이 나타난다.

경성의 '짧고 약하게' 발음되는 특징이 일부 음절의 탈락 현상을 가져온다.

🔊 8-7

발음 변화	예문	탈락 현상
我们 (wǒ·men ⇨ wǒm)	我们吃饺子吧。	
你们 (nǐ·men ⇨ nǐm)	你们都这么决定吗?	- 뒤 글자의 모음이 탈락한 후, 남겨진 자음이 앞 글자의 받침소리로 변한다.
怎么 (zěn·me ⇨ zěm)	怎么这么容易啊。	

豆腐 (dòu·fu ⇨ douf)	我要买块豆腐。	
耳朵 (ěr·duo ⇨ ěrd)	竖着耳朵听。	- 뒤 글자의 모음이 탈락한 후, 자음 부분만 남아 짧고 약하게 발음된다.
消息 (xiāo·xi ⇨ xiāox)	有什么好消息没有?	

 변화를 무시하고 본래 발음대로 명확하게 발음해도 무방하다.

2) 동화 현상

① 서로 인접된 글자의 발음 부위가 같아지거나 비슷해지는 현상을 말한다. 주로 앞 글자의 받침소리에 해당하는 음이 뒤 글자 자음의 영향으로 소리가 약간 변한다.

② 말하는 속도와 관련이 있는데 말을 조금 빨리 하다보면 자연스럽게 나타나며, 굳이 이렇게 발음하지 않아도 괜찮다.

🔊 8-8

발음 변화	예문	동화 현상
n ⇨ m	面包 (miànbāo ⇨ miàmbāo)	- 앞 글자의 n 이 뒤 글자 b, p, m 의 영향으로 m 으로 발음된다. (두 입술 소리로 발음 부위가 같아진다)
	分配 (fēnpèi ⇨ fēmpèi)	
	关门 (guānmén ⇨ guāmmén)	

n ⇨ ng(ŋ)	三个 (sān·ge ⇨ sāng·ge)	- 앞 글자의 n 이 뒤 글자 g, k, h 의 영향으로 혀가 약간 뒤쪽으로 이동하면서 ng (ŋ)로 발음된다.
	分开 (fēnkāi ⇨ fēngkāi)	
	文化 (wénhuà ⇨ wénghuà)	

⚠ n 은 혀가 뒤쪽으로 이동하지만 완벽하게 ng(ŋ)으로 발음되지 않는 경우도 많다. 다만 n 을 발음할 때 혀끝이 윗니 뒤편에 붙는 특징을 잃어버리고 ng(ŋ) 처럼 발음되면서 발음 부위가 비슷해진다.

MEMO

04 啊 (a)의 발음 변화

啊는 문장 끝에 쓰여 감정을 나타내는 어기조사로서, 앞 글자의 영향으로 발음에 변화가 생긴다. 이것은 앞에서 설명한 '동화(同化) 현상'과 비슷하다. 발음의 변화에 따라 啊의 글자도 呀(ya), 哇(wa), 哪(na) 로 각각 구분하여 표기한다. 하지만 발음의 변화와 상관 없이 啊로 동일하게 표기하는 경우가 일반적이다. 이로 인해 학습자들이 변화된 발음보다는 [a]로 발음하는 경우가 있으니 주의한다. 한어병음은 변화와 관계 없이 a 로 표기한다.

① 啊 ⇨ 呀 (ya)　　🔊 8-9

한어병음	啊	변화된 발음(글자)	예문
a	+ 啊 (a)	呀 (ia)	我说的就是他(tā) + 呀(啊)
e			我们一起来唱歌(gē) + 呀(啊)
i			你一定要注意(yì) + 呀(啊)
ü			好大的鱼(yú) + 呀(啊)
uo			怎么这么多(duō) + 呀(啊)

② 啊 ⇨ 哇 (wa)　　🔊 8-10

한어병음	啊	변화된 발음(글자)	예문
ao (iao)	+ 啊 (a)	哇 (ua)	这个主意真好(hǎo) + 哇(啊)
u			你在哪儿住(zhù)? + 哇(啊)

③ 啊 ⇨ 哪 (na)
🔊 8-11

한어병음	啊	변화된 발음(글자)	예문
n	+ 啊 (a)	哪 (na)	这怎么办(bàn) + 哪(啊)?
			我的天(tiān) + 哪(啊)

④ 啊 ⇨ 啊 (nga)
🔊 8-12

한어병음	啊	변화된 발음(글자)	예문
ng	+ 啊 (a)	啊 (ŋa)	这可不成(chéng) + 啊
			这首歌多好听(tīng) + 啊

⚠️ [ng]의 영향으로 비음이 약간 섞여서 발음된다.

⑤ 啊 ⇨ 啊 (ra)
🔊 8-13

한어병음	啊	변화된 발음(글자)	예문
zhi	+ 啊 (a)	啊 (ra)	用什么纸(zhǐ) + 啊?
chi			你先吃(chī) + 啊
shi			这是终身大事(shì) + 啊
ri			今天是节日(rì) + 啊

⚠️ 혀끝 세운 모음 [ʅ]의 영향으로 권설음처럼 혀끝이 입천장으로 살짝 올라가며 발음된다. 하지만 [a]라고 발음해도 무방하다.

⑥ 啊 ⇨ 啊 (za)   🔊 8 - 14

한어병음	啊	변화된 발음(글자)	예문
zi			请您教我写字(zì) + 啊
ci	+ 啊 (a)	啊 (za)	你就去过一次(cì) + 啊
si			今天星期四(sì) + 啊

⚠️ 혀끝 모음 [ㅣ]의 영향으로 변화가 생기지만, 그대로 [a]라고 발음해도 무방하다.

● 啊는 말하는 사람의 감정을 나타내는 어기조사로 사용되기 때문에 위의 조건처럼 발음 변화가 엄격하게 지켜지지 않고, [a]로 발음하는 경우도 있다.

● 위에서 설명하는 여러 발음 변화들은 유창한 중국어 회화를 위해 고려해야할 부분이지만, 외국인 학습자 입장에서는 어려운 부분이다. 먼저 정확한 음을 익힌 후 차츰 중국어 발음이 익숙해지면 말하는 속도가 빨라진다. 이 때 위의 발음 변화 현상도 염두에 두고 연습하면 좋은 효과를 볼 수 있다.

탄탄한 기본기 위에 얹어지는 기교는 최상의 결과를 가져오지만, 기본기 없는 기교는 어설픈 흉내 내기에 불과할 뿐이다. 모든 것은 기본기에서 판가름 난다는 사실을 명심하고 중국어 학습에 정진하길 바란다.

참고 문헌

汉语拼音方案基础知识	(周有光 著　语文出版社)
现代汉语	(杨润陆, 周一民 编著　北京师范大学出版社)
现代汉语	(黄伯荣, 廖序东 主编　高等教育出版社)
汉语语音学	(周同春 著　北京师范大学出版社)
北京语音实验录	(林焘, 王理嘉 等著　北京大学出版社)
普通话语音常识	(徐世荣 著　语文出版社)
普通话的轻声和儿化	(鲁允中 著　商务印书馆)
口语训练	(董兆杰 编著　语文出版社)